LA DIVINA COMMEDIA FACILE

di Dante Alighieri

testo integrale con riassunti, paragrafazioni, mappe concettuali e schede didattiche di tutti i canti

a cura di Pierre 2020

INDICE

06 PRIMO CANTO
07 Riassunto
08 Testo
14 Schede e mappe
24 SECONDO CANTO
25 Riassunto
26 Testo
31 Schede e mappe
42 TERZO CANTO
43 Riassunto
44 Testo
49 Schede e mappe
60 QUARTO CANTO
61 Riassunto
62 Testo
67 Schede e mappe
75 QUINTO CANTO
76 Riassunto
78 Testo
86 Schede e mappe
92 SESTO CANTO
93 Riassunto
94 Testo
99 Schede e mappe
107 SETTIMO CANTO
108 Riassunto
110 Testo
115 Schede e mappe
121 OTTAVO CANTO
122 Riassunto
124 Testo
129 Schede e mappe
134 NONO CANTO
135 Riassunto
137 Testo
142 Schede e mappe
147 DECIMO CANTO
148 Riassunto

150 Testo
153 Schede e mappe
169 UNDICESIMO CANTO
170 Riassunto
172 Testo
175 Schede e mappe
182 DODICESIMO CANTO
183 Riassunto
185 Testo
190 Schede e mappe
196 TREDICESIMO CANTO
197 Riassunto
199 Testo
204 Schede e mappe
207 QUATTORDICESIMO CANTO
208 Riassunto
209 Testo
211 Schede e mappe
220 QUINDICESIMO CANTO
221 Riassunto
222 Testo
225 Schede e mappe
235 SEDICESIMO CANTO
236 Riassunto
237 Testo
242 Schede e mappe
248 DICIASSETTESIMO CANTO
249 Riassunto
250 Testo
253 Schede e mappe
257 DICIOTTESIMO CANTO
258 Riassunto
259 Testo
267 Schede e mappe
262 DICIANNOVESIMO CANTO
263 Riassunto
264 Testo
269 Schede e mappe
274 VENTESIMO CANTO
275 Riassunto

276 Testo
281 Schede e mappe
285 VENTUNESIMO CANTO
286 Riassunto
287 Testo
289 Schede e mappe
296 VENTIDUESIMO CANTO
297 Riassunto
298 Testo
303 Schede e mappe
308 VENTITREESIMO CANTO
309 Riassunto
310 Testo
316 Schede e mappe
319 VENTIQUATTRESIMO CANTO
320 Riassunto
322 Testo
328 Schede e mappe
332 VENTICINQUESIMO CANTO
333 Riassunto
335 Testo
340 Schede e mappe
344 VENTISEIESIMO CANTO
345 Riassunto
347 Testo
352 Schede e mappe
358 VENTISETTESIMO CANTO
359 Riassunto
361 Testo
366 Schede e mappe
370 VENTOTTESIMO CANTO
371 Riassunto
373 Testo
378 Schede e mappe
382 VENTINOVESIMO CANTO
383 Riassunto
384 Testo
389 Schede e mappe
393 TRENTESIMO CANTO
394 Riassunto

395 Testo
389 Schede e mappe
402 TRENTUNESIMO CANTO
403 Riassunto
404 Testo
409 Schede e mappe
412 TRENTADUESIMO CANTO
413 Riassunto
414 Testo
419 Schede e mappe
423 TRETATREESIMO CANTO
424 Riassunto
426 Testo
432 Schede e mappe
435 TRENTAQUATTRESIMO CANTO
436 Riassunto
438 Testo
444 Schede e mappe

SCHEMATICAMENTE

IL PRIMO CANTO DELLA DIVINA COMMEDIA

DANTE NELLA SELVA OSCURA
Dante esordisce spiegando che a circa metà della sua vita si è perso in una selva oscura. Non sa spiegare come ci sia finito ma dice chiaramente che la sofferenza dello smarrimento è enorme, inferiore solo alla morte.

CERCA DI RAGGIUNGERE IL COLLE MA TRE FIERE GLIELO IMPEDISCONO
Trova conforto alla vista di un colle dalla cui vetta si vedono raggi di sole.
Così, dopo essersi un momento ripreso, inizia a salirlo. Lungo il colle incontra tre animali che simboleggiano tre peccati: lonza (lussuria), leone (superbia), lupa (avarizia).

L'INCONTRO CON VIRGILIO
Dante è intimorito – soprattutto dalla lupa- e torna sui suoi passi, fino a che non vede, nascosta alla luce, una figura umana a cui chiede se sia viva. L'ombra si presenta indirettamente e spiega che non è più viva ma un tempo lo è stata e viveva a Mantova. Si tratta di Virgilio che lo rimprovera perché sta scappando.

LA PROFEZIA DEL VELTRO
Dante, vergognandosi, chiede aiuto al sommo poeta che gli risponde dicendogli che è un altro il viaggio che dovrà fare per salvarsi perché la lupa da cui Dante sta fuggendo sbrana tutti quelli che incontra e più mangia più è affamata. Verrà però un giorno che un veltro (cane da caccia di tipo levriero) la sconfiggerà e ciò sarà un bene per tutta l'Italia.

VIRGILIO LO INVITA A SEGUIRLO NEL VIAGGIO NELL'OLTRETOMBA E DANTE ACCETTA
Per ciò Virgilio invita Dante a seguirlo in un viaggio che lo porterà nell'oltretomba, prima all'Inferno e poi in Purgatorio.
Poiché, anticipa Virgilio, Dante vorrà proseguire anche oltre, in Paradiso, lì lo accompagnerà un'altra guida 'più degna', perché – spiega- Dio non gli consente di accedere fin lì in quanto pagano.
Dante risponde all'invito di Virgilio esortandolo a condurlo per quei luoghi.

CANTO PRIMO

DANTE NELLA SELVA OSCURA

Nel mezzo del cammin di nostra vita
mi ritrovai per una selva oscura,
ché la diritta via era smarrita. 3

Ahi quanto a dir qual era è cosa dura
esta selva selvaggia e aspra e forte
che nel pensier rinova la paura! 6

Tant'è amara che poco è più morte;
ma per trattar del ben ch'i' vi trovai,
dirò de l'altre cose ch'i' v' ho scorte. 9

Io non so ben ridir com'i' v'intrai,
tant'era pien di sonno a quel punto
che la verace via abbandonai. 12

Ma poi ch'i' fui al piè d'un colle giunto,
là dove terminava quella valle
che m'avea di paura il cor compunto, 15

guardai in alto e vidi le sue spalle
vestite già de' raggi del pianeta
che mena dritto altrui per ogne calle. 18

Allor fu la paura un poco queta,
che nel lago del cor m'era durata
la notte ch'i' passai con tanta pieta. 21

E come quei che con lena affannata,
uscito fuor del pelago a la riva,
si volge a l'acqua perigliosa e guata, 24

così l'animo mio, ch'ancor fuggiva,
si volse a retro a rimirar lo passo
che non lasciò già mai persona viva. 27

Poi ch'èi posato un poco il corpo lasso,
ripresi via per la piaggia diserta,

sì che 'l piè fermo sempre era 'l più basso. 30

INCONTRO CON LE TRE FIERE

Ed ecco, quasi al cominciar de l'erta,
una lonza leggera e presta molto,
che di pel macolato era coverta; 33

e non mi si partia dinanzi al volto,
anzi 'mpediva tanto il mio cammino,
ch'i' fui per ritornar più volte vòlto. 36

Temp'era dal principio del mattino,
e 'l sol montava 'n sù con quelle stelle
ch'eran con lui quando l'amor divino 39

mosse di prima quelle cose belle;
sì ch'a bene sperar m'era cagione
di quella fiera a la gaetta pelle 42

l'ora del tempo e la dolce stagione;
ma non sì che paura non mi desse
la vista che m'apparve d'un leone. 45

Questi parea che contra me venisse
con la test'alta e con rabbiosa fame,
sì che parea che l'aere ne tremesse. 48

Ed una lupa, che di tutte brame
sembiava carca ne la sua magrezza,
e molte genti fé già viver grame, 51

questa mi porse tanto di gravezza
con la paura ch'uscia di sua vista,
ch'io perdei la speranza de l'altezza. 54

E qual è quei che volontieri acquista,
e giugne 'l tempo che perder lo face,
che 'n tutti suoi pensier piange e s'attrista; 57

tal mi fece la bestia sanza pace,
che, venendomi 'ncontro, a poco a poco

mi ripigneva là dove 'l sol tace. 60

Mentre ch'i' rovinava in basso loco,
dinanzi a li occhi mi si fu offerto
chi per lungo silenzio parea fioco. 63

INCONTRO CON VIRGILIO

Quando vidi costui nel gran diserto,
"Miserere di me", gridai a lui,
"qual che tu sii, od ombra od omo certo!". 66

Rispuosemi: "Non omo, omo già fui,
e li parenti miei furon lombardi,
mantoani per patrïa ambedui. 69

Nacqui sub Iulio, ancor che fosse tardi,
e vissi a Roma sotto 'l buono Augusto
nel tempo de li dèi falsi e bugiardi. 72

Poeta fui, e cantai di quel giusto
figliuol d'Anchise che venne di Troia,
poi che 'l superbo Ilïón fu combusto. 75

Ma tu perché ritorni a tanta noia?
perché non sali il dilettoso monte
ch'è principio e cagion di tutta gioia?". 78

"Or se' tu quel Virgilio e quella fonte
che spandi di parlar sì largo fiume?",
rispuos'io lui con vergognosa fronte. 81

"O de li altri poeti onore e lume,
vagliami 'l lungo studio e 'l grande amore
che m' ha fatto cercar lo tuo volume. 84

Tu se' lo mio maestro e 'l mio autore,
tu se' solo colui da cu' io tolsi
lo bello stilo che m' ha fatto onore. 87

Vedi la bestia per cu' io mi volsi;
aiutami da lei, famoso saggio,

ch'ella mi fa tremar le vene e i polsi". 90

LA PROFEZIA DEL VELTRO

"A te convien tenere altro vïaggio",
rispuose, poi che lagrimar mi vide,
"se vuo' campar d'esto loco selvaggio; 93

ché questa bestia, per la qual tu gride,
non lascia altrui passar per la sua via,
ma tanto lo 'mpedisce che l'uccide; 96

e ha natura sì malvagia e ria,
che mai non empie la bramosa voglia,
e dopo 'l pasto ha più fame che pria. 99

Molti son li animali a cui s'ammoglia,
e più saranno ancora, infin che 'l veltro
verrà, che la farà morir con doglia. 102

Questi non ciberà terra né peltro,
ma sapïenza, amore e virtute,
e sua nazion sarà tra feltro e feltro. 105

Di quella umile Italia fia salute
per cui morì la vergine Cammilla,
Eurialo e Turno e Niso di ferute. 108

Questi la caccerà per ogne villa,
fin che l'avrà rimessa ne lo 'nferno,
là onde 'nvidia prima dipartilla. 111

VIRGILIO ANNUNCIA IL VIAGGIO

Ond'io per lo tuo me' penso e discerno
che tu mi segui, e io sarò tua guida,
e trarrotti di qui per loco etterno; 114

ove udirai le disperate strida,
vedrai li antichi spiriti dolenti,
ch'a la seconda morte ciascun grida; 117

e vederai color che son contenti
nel foco, perché speran di venire
quando che sia a le beate genti. 120

A le quai poi se tu vorrai salire,
anima fia a ciò più di me degna:
con lei ti lascerò nel mio partire;   123

ché quello imperador che là sù regna,
perch'i' fu' ribellante a la sua legge,
non vuol che 'n sua città per me si vegna.   126

In tutte parti impera e quivi regge;
quivi è la sua città e l'alto seggio:
oh felice colui cu' ivi elegge!".   129

E io a lui: "Poeta, io ti richeggio
per quello Dio che tu non conoscesti,
acciò ch'io fugga questo male e peggio,   132

che tu mi meni là dov'or dicesti,
sì ch'io veggia la porta di san Pietro
e color cui tu fai cotanto mesti".   135

Allor si mosse, e io li tenni dietro.

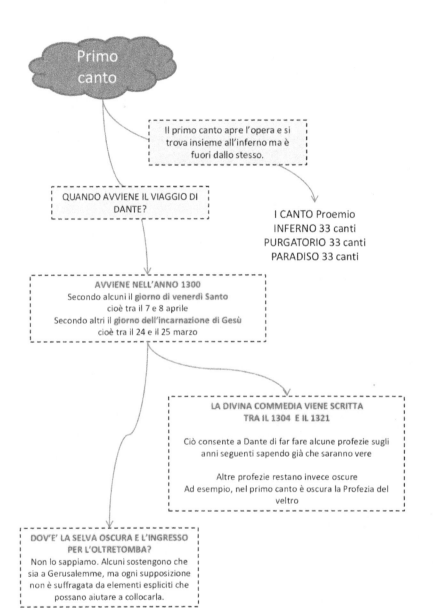

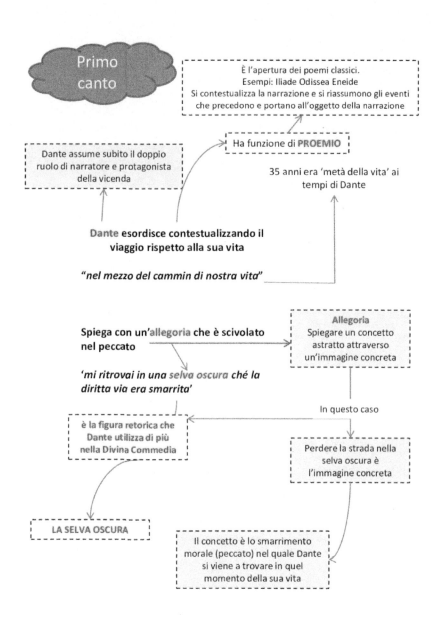

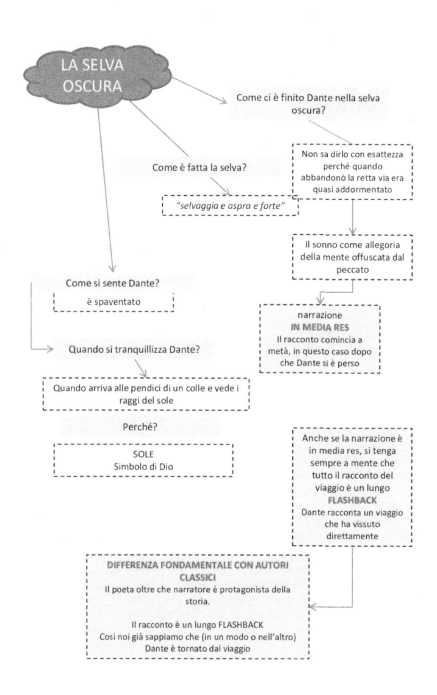

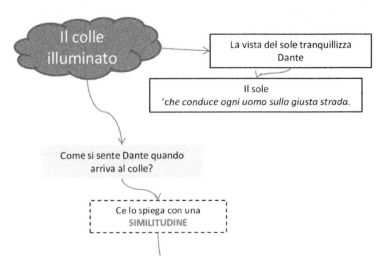

Il colle illuminato

La vista del sole tranquillizza Dante

Il sole
'che conduce ogni uomo sulla giusta strada.

Come si sente Dante quando arriva al colle?

Ce lo spiega con una
SIMILITUDINE

E come il naufrago che col respiro affannoso, gettato dal mare sulla riva, si volta e guarda alle acque pericolose da cui è scampato, così il mio animo, che ancora era in fuga, si voltò indietro ad osservare il passaggio che non lasciò mai passar vivo nessun uomo.

La similitudine è un paragone tra due o più termini.
Grazie alla immediata riconoscibilità di un termine
(nel caso in questione il sentimento del naufrago)
sarà chiaro il secondo termine
(in questo caso lo stato d'animo di Dante)

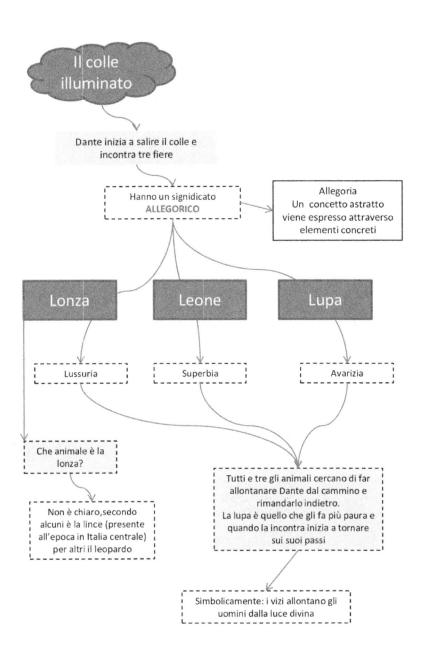

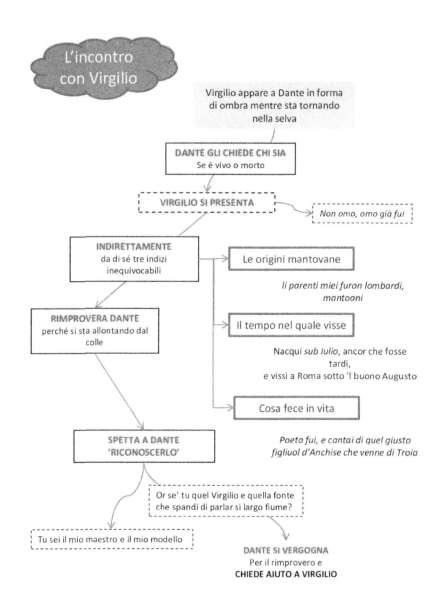

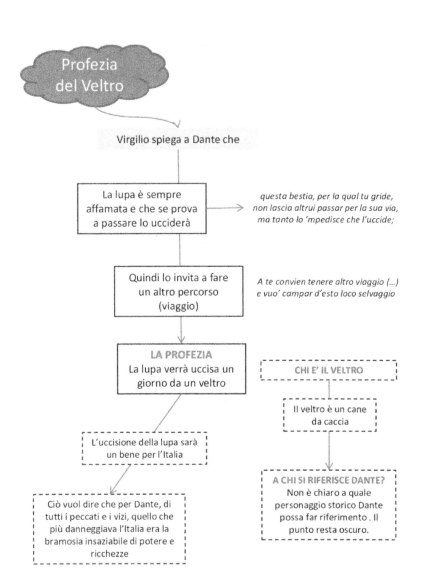

Il viaggio nell'oltretomba

VIRGILIO PROPONE A DANTE IL VIAGGIO NELL'OLTRETOMBA

Ond'io per lo tuo me' penso e discerno
che tu mi segui, ed io sarò tua guida,
e trarrotti di qui per loco etterno

L'oltretomba è indicato da come **LOCCO ETERNO**

Come definisce i diversi livelli dell'oltretomba Virgilio?

INFERNO
*udirai le disperate strida,
vedrai li antichi spiriti dolenti,
ch'a la seconda morte ciascun grida*

PARADISO
*quivi è la sua città e l'alto seggio;
oh felice colui cu' ivi elegge!*

PURGATORIO
*ederai color che son contenti
nel foco, perché speran di venire
quando che sia a le beate genti*

Virgilio spiega che in Paradiso avrà un'altra guida 'più degna'

DANTE ACCETTA LA PROPOSTA DI VIRGILIO

Poeta, in nome di quel Dio che non hai conosciuto e affinché io fugga questo male e altri peggiori, ti chiedo ti condurmi là dove hai detto, così che io veda la porta di San Pietro e coloro che descrivi tanto miseri

PERCHÉ VIRGILIO NON PUÒ ENTRARE IN PARADISO?
Perché era pagano

perch'i' fu' ribellante a la sua legge

PERSONAGGI CITATI

DIO è sempre presente nella Divina Commedia

IL VELTRO

BEATRICE (citata indirettamente) che accompagnerà Dante nel viaggio in Paradiso

I personaggi del tempo di Virgilio
GIULIO CESARE (sub Julio) AUGUSTO

I personaggi dell'Eneide
ENEA (figlio di Anchise)
CAMILLA (Cammilla),
EURÌALO E TURNO E NISO

L'AMBIENTAZIONE

LA SELVA OSCURA

IL COLLE

IL PENDIO DEL COLLE

LUOGHI CITATI

MANTOVA è il primo luogo reale città di Virgilio

ITALIA vi si fa riferimento nella contrapposizione tra lupa e veltro

TROIA in riferimento ad Enea

INFERNO PURGATORIO PARADISO sono i luoghi dell'oltretomba che Virgilio cita come tappe del viaggio che si accingono a fare

Con il riferimento alla condizione dell'Italia del suo tempo, Dante mette subito insieme – e sarà così per tutto il viaggio- gli elementi spirituali con la realtà storica nella quale vive e rispetto alla quale ha idee ben chiare

Tu se' lo mio maestro e 'l mio autore,
tu se' solo colui da cu' io tolsi
lo bello stilo che m'ha fatto onore.

MAESTRO DI STILE E
DI CONOSCENZA

perché Dante sceglie Virgilio come guida?

CONOSCEVA GLI INFERI

E' IL POETA DI AUGUSTO

Ha raccontato la discesa
agli inferi di Enea

Dante esalta il modello della
monarchia quale forma ideale
di governo

PROFETA

Nel saggio De Monarchia invoca una
monarchia universale molto simile
alla situazione romana dopo la pax
augustea

Nell'Eneide Virgilio fa una profezia
su un bambino che salverà il mondo.
Nel Medioevo si riteneva che avesse
profetizzato la venuta di Gesù.

tu modo nascenti puero, quo ferrea primum
desinet ac toto surget gens aurea mundo

In verità il *puer* che profetizza è il figlio che sta
per nascere al suo protettore Asinio Pollone

SCHEMATICAMENTE

IL SECONDO CANTO DELLA DIVINA COMMEDIA

INVOCAZIONE ALLE MUSE E ALLA SUA MEMORIA

Dante fa la dovuta invocazione alle Muse che nei poemi classici è in apertura. Insieme alle muse chiede aiuto anche alla sua mente affinché ricordi tutto quello che è successo.

NUOVI TIMORI DI DANTE

Dante è ancora preoccupato e chiede a Virgilio come mai lui possa fare quel viaggio nell'oltretomba che finora hanno fatto solo Enea e San Paolo ma lui non si vede pari a loro e non vede le motivazioni di una simile concessione.

Io non Enea, io non Paulo sono: / me degno a ciò né io né altri 'l crede.

SPIEGAZIONE DI VIRGILIO: L'INTERCESSIONE DI BEATRICE

Virgilio riprende Dante e gli da del codardo per i timori che manifesta. Poi gli racconta che mentre era nel Limbo è andata a trovarlo Beatrice per chiedergli di salvare Dante. Beatrice spiega che a preoccuparsi delle sorti del poeta fiorentino è Maria Vergine che ha chiesto a Santa Lucia (a cui Dante è devoto) di aiutare il suo fedele. Santa Lucia chiede allora a Beatrice – che in Paradiso stava vicino a Rachele- di soccorrere *'colui che ti amò al punto da elevarsi al di sopra della schiera volgare?'* Beatrice si mostra a Virgilio preoccupata perché potrebbe essere già tardi. Così il mantovano si è affrettato a soccorrere Dante quando stava per finire nelle fauci della lupa

DANTE RINGRANZIA VIRGILIO E BEATRICE

Nuovamente confortato, Dante ringrazia Beatrice e Virgilio e rinnova il suo proposito di proseguire nel viaggio e la sua devozione verso il poeta mantovano.

Adesso va, poiché entrambi vogliamo la stessa cosa: tu sei la mia guida, il mio signore, il mio maestro.

CANTO SECONDO

Lo giorno se n'andava, e l'aere bruno
toglieva li animai che sono in terra
da le fatiche loro; e io sol uno   3

m'apparecchiava a sostener la guerra
sì del cammino e sì de la pietate,
che ritrarrà la mente che non erra.   6

INVOCAZIONE ALLE MUSE

O muse, o alto ingegno, or m'aiutate;
o mente che scrivesti ciò ch'io vidi,
qui si parrà la tua nobilitate.   9

NUOVI TIMORI DI DANTE

Io cominciai: "Poeta che mi guidi,
guarda la mia virtù s'ell'è possente,
prima ch'a l'alto passo tu mi fidi.   12

Tu dici che di Silvïo il parente,
corruttibile ancora, ad immortale
secolo andò, e fu sensibilmente.   15

Però, se l'avversario d'ogne male
cortese i fu, pensando l'alto effetto
ch'uscir dovea di lui, e 'l chi e 'l quale   18

non pare indegno ad omo d'intelletto;
ch'e' fu de l'alma Roma e di suo impero
ne l'empireo ciel per padre eletto: 21

la quale e 'l quale, a voler dir lo vero,
fu stabilita per lo loco santo
u' siede il successor del maggior Piero.   24

Per quest'andata onde li dai tu vanto,
intese cose che furon cagione
di sua vittoria e del papale ammanto.   27

Andovvi poi lo Vas d'elezïone,
per recarne conforto a quella fede
ch'è principio a la via di salvazione.   30

Ma io, perché venirvi? o chi 'l concede?
Io non Enëa, io non Paulo sono;
me degno a ciò né io né altri 'l crede. 33

Per che, se del venire io m'abbandono,
temo che la venuta non sia folle.
Se' savio; intendi me' ch'i' non ragiono". 36

E qual è quei che disvuol ciò che volle
e per novi pensier cangia proposta,
sì che dal cominciar tutto si tolle, 39

tal mi fec'ïo 'n quella oscura costa,
perché, pensando, consumai la 'mpresa
che fu nel cominciar cotanto tosta. 42

L'INTERCESSIONE DI BEATRICE

"S'i' ho ben la parola tua intesa",
rispuose del magnanimo quell'ombra,
"l'anima tua è da viltade offesa; 45

la qual molte fiate l'omo ingombra
sì che d'onrata impresa lo rivolve,
come falso veder bestia quand'ombra. 48

Da questa tema acciò che tu ti solve,
dirotti perch'io venni e quel ch'io 'ntesi
nel primo punto che di te mi dolve. 51

Io era tra color che son sospesi,
e donna mi chiamò beata e bella,
tal che di comandare io la richiesi. 54

Lucevan li occhi suoi più che la stella;
e cominciommi a dir soave e piana,
con angelica voce, in sua favella: 57

"O anima cortese mantoana,
di cui la fama ancor nel mondo dura,
e durerà quanto 'l mondo lontana, 60

l'amico mio, e non de la ventura,
ne la diserta piaggia è impedito
sì nel cammin, che vòlt'è per paura; 63

e temo che non sia già sì smarrito,
ch'io mi sia tardi al soccorso levata,
per quel ch'i' ho di lui nel cielo udito. 66

Or movi, e con la tua parola ornata
e con ciò c' ha mestieri al suo campare,
l'aiuta sì ch'i' ne sia consolata. 69

I' son Beatrice che ti faccio andare;
vegno del loco ove tornar disio;
amor mi mosse, che mi fa parlare. 72

Quando sarò dinanzi al segnor mio,
di te mi loderò sovente a lui".
Tacette allora, e poi comincia' io: 75

DANTE RINGRAZIA BEATRICE E VIRGILIO

"O donna di virtù sola per cui
l'umana spezie eccede ogne contento
di quel ciel c' ha minor li cerchi sui, 78

tanto m'aggrada il tuo comandamento,
che l'ubidir, se già fosse, m'è tardi;
più non t'è uo' ch'aprirmi il tuo talento. 81

Ma dimmi la cagion che non ti guardi
de lo scender qua giuso in questo centro
de l'ampio loco ove tornar tu ardi". 84

"Da che tu vuo' saver cotanto a dentro,
dirotti brievemente", mi rispuose,
"perch'i' non temo di venir qua entro. 87

Temer si dee di sole quelle cose
c' hanno potenza di fare altrui male;
de l'altre no, ché non son paurose. 90

I' son fatta da Dio, sua mercé, tale,
che la vostra miseria non mi tange,
né fiamma d'esto 'ncendio non m'assale. 93

Donna è gentil nel ciel che si compiange
di questo 'mpedimento ov'io ti mando,
sì che duro giudicio là sù frange. 96

Questa chiese Lucia in suo dimando
e disse: - Or ha bisogno il tuo fedele
di te, e io a te lo raccomando -. 99

Lucia, nimica di ciascun crudele,
si mosse, e venne al loco dov'i' era,
che mi sedea con l'antica Rachele. 102

Disse: - Beatrice, loda di Dio vera,
ché non soccorri quei che t'amò tanto,
ch'uscì per te de la volgare schiera? 105

Non odi tu la pieta del suo pianto,
non vedi tu la morte che 'l combatte
su la fiumana ove 'l mar non ha vanto? -. 108

Al mondo non fur mai persone ratte
a far lor pro o a fuggir lor danno,
com'io, dopo cotai parole fatte, 111

venni qua giù del mio beato scanno,
fidandomi del tuo parlare onesto,
ch'onora te e quei ch'udito l' hanno". 114

Poscia che m'ebbe ragionato questo,
li occhi lucenti lagrimando volse,
per che mi fece del venir più presto. 117

E venni a te così com'ella volse:
d'inanzi a quella fiera ti levai
che del bel monte il corto andar ti tolse. 120

Dunque: che è perché, perché restai,
perché tanta viltà nel core allette,
perché ardire e franchezza non hai, 123

poscia che tai tre donne benedette
curan di te ne la corte del cielo,
e 'l mio parlar tanto ben ti promette?". 126

Quali fioretti dal notturno gelo
chinati e chiusi, poi che 'l sol li 'mbianca,
si drizzan tutti aperti in loro stelo, 129

tal mi fec'io di mia virtude stanca,
e tanto buono ardire al cor mi corse,
ch'i' cominciai come persona franca: 132

"Oh pietosa colei che mi soccorse!
e te cortese ch'ubidisti tosto
a le vere parole che ti porse! 135

Tu m' hai con disiderio il cor disposto
sì al venir con le parole tue,
ch'i' son tornato nel primo proposto. 138

Or va, ch'un sol volere è d'ambedue:
tu duca, tu segnore e tu maestro".
Così li dissi; e poi che mosso fue, 141

intrai per lo cammino alto e silvestro.

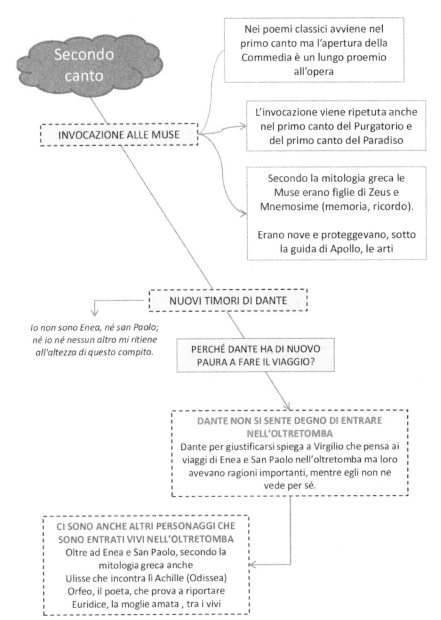

DANTE CITA DUE VIAGGI NELL'OLTRETOMBA

PERCHÉ SAN PAOLO ED ENEA SONO ANDATI NELL'OLTRETOMBA?

perché il loro viaggio aveva una ragione divina

ENEA

Il viaggio agli Inferi da forza ad Enea per la sua missione da cui poi nascerà Roma sede dell'Impero e poi del Papato

e' fu de l'alma Roma e di suo impero
ne l'empireo ciel per padr eletto:
la quale e 'l quale, a voler dir lo vero,
fu stabilita per lo loco santo
u' siede il successor del maggior Piero.

SAN PAOLO

San Paolo va nell'aldilà per rafforzare la sua fede e quindi la sua opera di evangelizzazione

Andovvi poi lo Vas d'elezione,
per recarne conforto a quella fede
ch'è principio a la via di salvazione

San Paolo viene chiamato 'vas d'elezione' (il vaso scelto=il prescelto) perché così è definito negli Atti degli Apostoli

Prescelto a cosa? A portare il nome di Dio tra le genti

FOCUS
Enea e Roma

Enea era già stato citato nel I canto

NELL'ENEIDE
Enea compie il viaggio nell'Oltretomba per incontrare il padre Anchise

ENEA VEDE IL FUTURO DI ROMA
Con questo passaggio Virgilio volle omaggiare Augusto

COSA RAPPRESENTAVA L'ANTICA ROMA NELLA CONCEZIONE DI DANTE?
da di sé tre indizi inequivocabili

LA ROMA AUGUSTEA RAPPRESENTAVA L'IDEALE DI MONARCHIA UNIVERSALE CHE DANTE INVOCAVA

Ne parlò nel **DE MONARCHIA**

Dante espose l'esigenza di una **MONARCHIA UNIVERSALE** che governasse sull'intera cristianità

Nel libro Dante parla dell'Impero romano come segno della volontà divina di un regno di pace
L'impero nasce con il principato di Augusto che porta la pax augustea

Gesù nasce sotto il principato di Augusto

San Paolo

PAOLO PATRONO DI ROMA
Morì martire a Roma insieme a San Pietro. I due sono patroni della città (29 giugno)

è il primo convertito 'colto' al cristianesimo e quello che più contribuì alla sua rapida diffusione nel I secolo

Nel medioevo era diffusa l'idea che anche San Paolo avesse fatto un viaggio nell'aldilà, fondata su un testo apocrifo

LA VISIONE DI SAN PAOLO → *Il testo è ispirato da un passaggio delle Lettere dello stesso San Paolo*

Secondo questo racconto, San Paolo vide sia l'Inferno che il Paradiso

Corinzi 12,2-4
2 Conosco un uomo in Cristo che, quattordici anni fa - se con il corpo o fuori del corpo non lo so, lo sa Dio - fu rapito fino al terzo cielo. 3 E so che quest'uomo - se con il corpo o senza corpo non lo so, lo sa Dio 4 fu rapito in paradiso e udì parole indicibili che non è lecito ad alcuno pronunziare.

Citato più volte nella Commedia, non appare mai direttamente e ne è ignota la collocazione nel Paradiso

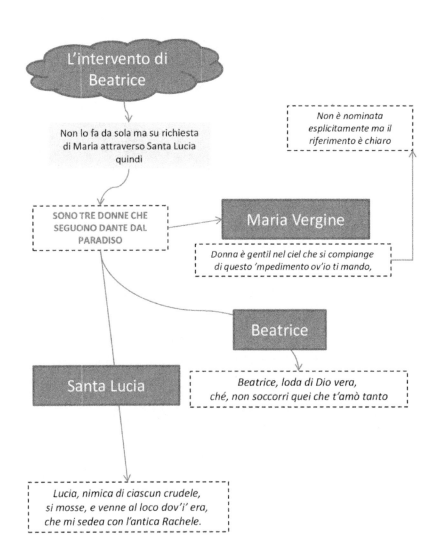

```
                    ┌─────────────────────────────┐
                    │   La collocazione di        │
                    │   Beatrice in Paradiso      │
                    └──────────────┬──────────────┘
                                   │
                                   ▼
                    ┌─────────────────────────────┐
                    │ Beatrice si trova in Paradiso vicino │
                    │         ad un'altra donna            │
                    └──────────────┬──────────────┘
                                   │
                                   ▼
                    ┌─────────────────────────────┐
                    │ seduta accanto all'antica Rachele │
                    └──────────────┬──────────────┘
                                   │
                                   ▼
                    ┌─────────────────────────────┐
                    │          RACHELE            │
                    │  moglie di Giacobbe e madre di │
                    │    Giuseppe e Beniamimo     │
                    └──────────────┬──────────────┘
                                   ▼
                    ┌─────────────────────────────┐
                    │ RACHELE E BEATRICE SIEDONO  │
                    │ NEI TERZI SEGGI DEL PARADISO │
                    └──────────────┬──────────────┘
```

La collocazione di Beatrice verrà raccontata da San Bonaventura a Dante in Paradiso (canto 32)

PERCHÉ RACHELE CHE NON È STATA BATTEZZATA È (A DIFFERENZA DI VIRGILIO) IN PARADISO?

QUANDO CRISTO RISORSE TIRÒ FUORI DAL LIMBO DIVERSI PATRIARCHI BIBLICI E LI PORTÒ CON SÉ IN PARADISO
Lo spiegherà Virgilio nel IV canto dell'Inferno

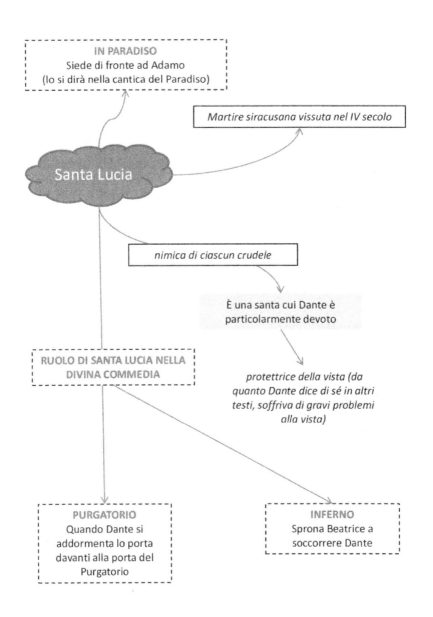

I PERSONAGGI DEL SECONDO CANTO

DANTE

VIRGILIO

PERSONAGGI CITATI

ENEA
SAN PAOLO
BEATRICE
MARIA VERGINE (con locuzione)
SANTA LUCIA
RACHELE

I LUOGHI DEL SECONDO CANTO

L'AMBIENTAZIONE

Strada che dal colle porterà alla porta dell'Inferno

LUOGHI CITATI

ROMA in relazione al ruolo di Enea

PARADISO dove sono Maria Vergine, Santa Lucia, Beatrice

LIMBO dove è collocato Virgilio, il luogo è nominato indirettamente *"Io era tra color che son sospesi"*

FOCUS PAPATO E IMPERO "teoria dei due soli"

SECONDO DANTE CHI È PIÙ IMPORTANTE TRA IL PAPA E L'IIMPERATORE?

SONO UGUALI PERCHÉ DERIVANO ENTRAMBI IL LORO POTERE DIRETTAMENTE DA DIO

PERCHÈ ESISTONO SONO DUE POTERI DIVERSI?
PERCHÉ HANNO DUE FINALITÀ DIVERSE

IMPERO
L'imperatore deve occuparsi delle vicende terrene, che devono essere amministrate secondo giustizia e deve assicurare la pace

PAPATO
Il Papa deve occuparsi della salvezza eterna delle anime, evangelizza le genti e le guida spiritualmente

FOCUS PAPATO E IMPERO

DANTE SPOSA LA TEORIA DEI DUE SOLI

IN CONTRAPPOSIZIONE ALLA TEORIA DEL SOLE E DELLA LUNA
Che era stata formulata precedentemente

La Chiesa è superiore all'imperatore e ai monarchi perché rappresenta Dio in terra

QUINDI

L'autorità degli Imperatori, che discende da Dio, viene conferita attraverso la Chiesa, analogamente la luce (potere) della Luna è riflesso di quella del Sole (Chiesa)

SCHEMATICAMENTE

IL TERZO CANTO DELLA DIVINA COMMEDIA

DANTE DAVANTI ALLA PORTA DELL'INFERNO
Inizia il viaggio di Dante e per prima cosa si trova davanti alla porta dell'Inferno. La scritta sulla porta è particolarmente famosa e può essere citata a memoria:
"*Per me si va ne la città dolente,*
per me si va ne l'etterno dolore,
per me si va tra la perduta gente.
Di fronte alla titubanza di Dante, Virgilio lo prende per mano e lo guida oltre la porta.

GLI IGNAVI – CELESTINO V
Prima di entrare nell'inferno vero e proprio, il primo luogo che trovano sulla loro strada è l'ANTINFERNO dove risiedono gli ignavi, definiti come *coloro che visser sanza 'nfamia e sanza lodo* – altra espressione entrata nel gergo quotidiano.
Tra gli ignavi incontra CELESTINO V il papa che pochi anni prima rinunciò al papato per ritirarsi un un eremo.
Dante è particolarmente duro verso questo personaggio perché con la sua rinuncia diventa papa Bonifacio VIII la cui fazione fiorentina (Guelfi neri) fu fautrice dell'esilio del poeta.

ACHERONTE E CARONTE
Dopo essere passati tra gli ignavi, arriva per i due poeti il momento di entrare nell'Inferno vero e proprio. Un fiume, l'Acheronte, traccia il confine. Per oltrepassarlo i due devono affidarsi a CARONTE, il traghettatore di anime, che inizialmente si rifiuta di portare un vivo. Interviene allora Virgilio che con fermezza lo ammonisce spiegando che il viaggio è voluto direttamente dal Paradiso.

LO SVENIMENTO DI DANTE
Subito dopo, si manifesta un grande terremoto che scuote profondamente Dante, tanto da farlo svenire.

CANTO TERZO

DANTE DAVANTI ALLA PORTA DELL'INFERNO

'Per me si va ne la città dolente,
per me si va ne l'etterno dolore,
per me si va tra la perduta gente.   3

Giustizia mosse il mio alto fattore;
fecemi la divina podestate,
la somma sapïenza e 'l primo amore.   6

Dinanzi a me non fuor cose create
se non etterne, e io etterno duro.
Lasciate ogne speranza, voi ch'intrate'.   9

Queste parole di colore oscuro
vid'ïo scritte al sommo d'una porta;
per ch'io: "Maestro, il senso lor m'è duro".   12

Ed elli a me, come persona accorta:
"Qui si convien lasciare ogne sospetto;
ogne viltà convien che qui sia morta.   15

Noi siam venuti al loco ov'i' t' ho detto
che tu vedrai le genti dolorose
c' hanno perduto il ben de l'intelletto".   18

E poi che la sua mano a la mia puose
con lieto volto, ond'io mi confortai,
mi mise dentro a le segrete cose.   21

GLI IGNAVI

Quivi sospiri, pianti e alti guai
risonavan per l'aere sanza stelle,
per ch'io al cominciar ne lagrimai.   24

Diverse lingue, orribili favelle,
parole di dolore, accenti d'ira,
voci alte e fioche, e suon di man con elle   27

facevano un tumulto, il qual s'aggira
sempre in quell'aura sanza tempo tinta,
come la rena quando turbo spira.   30

E io ch'avea d'error la testa cinta,
dissi: "Maestro, che è quel ch'i' odo?
e che gent'è che par nel duol sì vinta?". 33

Ed elli a me: "Questo misero modo
tegnon l'anime triste di coloro
che visser sanza 'nfamia e sanza lodo. 36

Mischiate sono a quel cattivo coro
de li angeli che non furon ribelli
né fur fedeli a Dio, ma per sé fuoro. 39

Caccianli i ciel per non esser men belli,
né lo profondo inferno li riceve,
ch'alcuna gloria i rei avrebber d'elli". 42

E io: "Maestro, che è tanto greve
a lor che lamentar li fa sì forte?".
Rispuose: "Dicerolti molto breve. 45

Questi non hanno speranza di morte,
e la lor cieca vita è tanto bassa,
che 'nvidïosi son d'ogne altra sorte. 48

Fama di loro il mondo esser non lassa;
misericordia e giustizia li sdegna:
non ragioniam di lor, ma guarda e passa". 51

E io, che riguardai, vidi una 'nsegna
che girando correva tanto ratta,
che d'ogne posa mi parea indegna; 54

e dietro le venìa sì lunga tratta
di gente, ch'i' non averei creduto
che morte tanta n'avesse disfatta. 57

<small>CELESTINO V</small>

Poscia ch'io v'ebbi alcun riconosciuto,
vidi e conobbi l'ombra di colui
che fece per viltade il gran rifiuto. 60

Incontanente intesi e certo fui
che questa era la setta d'i cattivi,
a Dio spiacenti e a' nemici sui. 63

Questi sciaurati, che mai non fur vivi,
erano ignudi e stimolati molto
da mosconi e da vespe ch'eran ivi. 66

Elle rigavan lor di sangue il volto,
che, mischiato di lagrime, a' lor piedi
da fastidiosi vermi era ricolto. 69

ACHERONTE E CARONTE

E poi ch'a riguardar oltre mi diedi,
vidi genti a la riva d'un gran fiume;
per ch'io dissi: "Maestro, or mi concedi 72

ch'i' sappia quali sono, e qual costume
le fa di trapassar parer sì pronte,
com'i' discerno per lo fioco lume". 75

Ed elli a me: "Le cose ti fier conte
quando noi fermerem li nostri passi
su la trista riviera d'Acheronte". 78

Allor con li occhi vergognosi e bassi,
temendo no 'l mio dir li fosse grave,
infino al fiume del parlar mi trassi. 81

Ed ecco verso noi venir per nave
un vecchio, bianco per antico pelo,
gridando: "Guai a voi, anime prave! 84

Non isperate mai veder lo cielo:
i' vegno per menarvi a l'altra riva
ne le tenebre etterne, in caldo e 'n gelo. 87

E tu che se' costì, anima viva,
pàrtiti da cotesti che son morti".

Ma poi che vide ch'io non mi partiva, 90

disse: "Per altra via, per altri porti
verrai a piaggia, non qui, per passare:
più lieve legno convien che ti porti". 93

E 'l duca lui: "Caron, non ti crucciare:
vuolsi così colà dove si puote
ciò che si vuole, e più non dimandare". 96

Quinci fuor quete le lanose gote
al nocchier de la livida palude,
che 'ntorno a li occhi avea di fiamme rote. 99

Ma quell'anime, ch'eran lasse e nude,
cangiar colore e dibattero i denti,
ratto che 'nteser le parole crude. 102

Bestemmiavano Dio e lor parenti,
l'umana spezie e 'l loco e 'l tempo e 'l seme
di lor semenza e di lor nascimenti. 105

Poi si ritrasser tutte quante insieme,
forte piangendo, a la riva malvagia
ch'attende ciascun uom che Dio non teme. 108

Caron dimonio, con occhi di bragia
loro accennando, tutte le raccoglie;
batte col remo qualunque s'adagia. 111

Come d'autunno si levan le foglie
l'una appresso de l'altra, fin che 'l ramo
vede a la terra tutte le sue spoglie, 114

similemente il mal seme d'Adamo
gittansi di quel lito ad una ad una,
per cenni come augel per suo richiamo. 117

Così sen vanno su per l'onda bruna,
e avanti che sien di là discese,

anche di qua nuova schiera s'auna. 120

"Figliuol mio", disse 'l maestro cortese,
"quelli che muoion ne l'ira di Dio
tutti convegnon qui d'ogne paese; 123

e pronti sono a trapassar lo rio,
ché la divina giustizia li sprona,
sì che la tema si volve in disio. 126

Quinci non passa mai anima buona;
e però, se Caron di te si lagna,
ben puoi sapere omai che 'l suo dir suona". 129

TERREMOTO E SVENIMENTO

Finito questo, la buia campagna
tremò sì forte, che de lo spavento
la mente di sudore ancor mi bagna. 132

La terra lagrimosa diede vento,
che balenò una luce vermiglia
la qual mi vinse ciascun sentimento; 135

e caddi come l'uom cui sonno piglia.

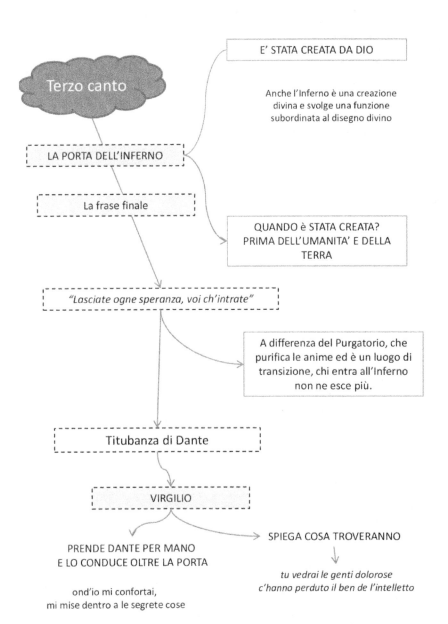

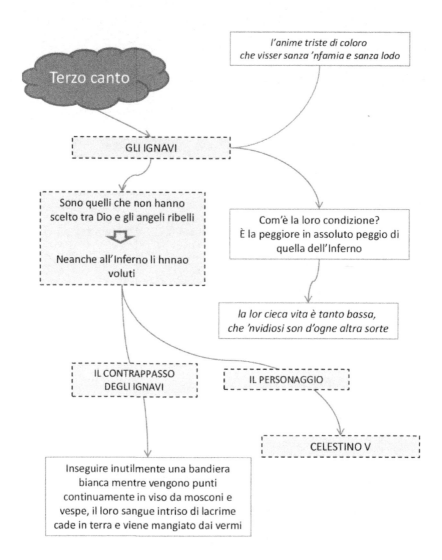

FOCUS
Il contrappasso

GLI IGNAVI DEVONO INSEGUIRE UNA BANDIERA (IDEALE-CAUSA) VUOTA
Dante li vede inseguire una bandiera bianca, che simboleggia la mancanza di ideali

Le pene dei dannati sono pensate da Dante secondo il principio del

CONTRAPPASSO

La condanna è in stretta relazione con il peccato

PER ANALOGIA
Quando la pena è simile al peccato commesso

PER CONTRAPPOSIZONE
Quando la pena è opposta al peccato commesso

Dante applica in modo sistematico questo principio

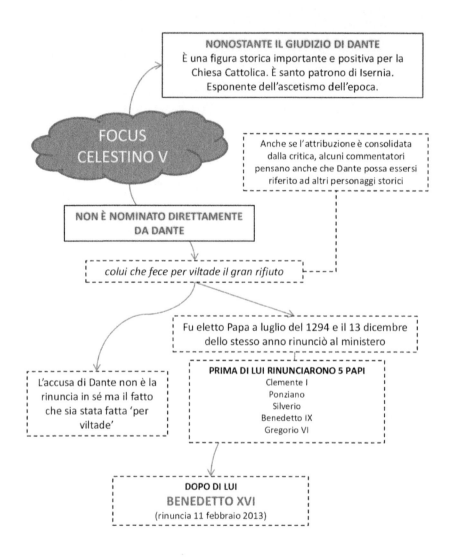

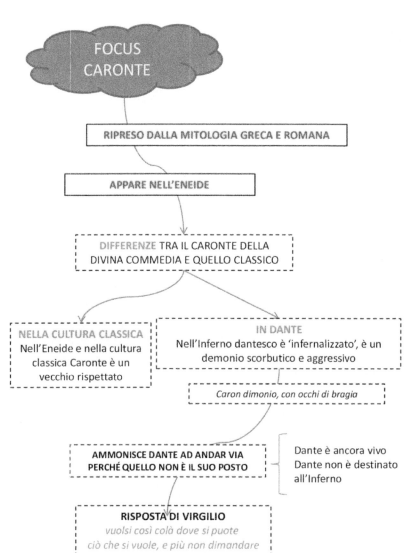

I DANNATI

PERCHÉ I DANNATI SONO ANSIOSI DI SALIRE SULLA BARCA DI CARONTE ANCHE SE LI PORTERÀ ALL'INFERNO?

e' la giustizia divina che li spinge verso il loro destino

quelli che muoion ne l'ira di Dio
tutti convegnon qui d'ogne paese:
e pronti sono a trapassar lo rio,
ché, la divina giustizia li sprona,
sì che la tema si volve in disio

L'ATTEGGIAMENTO DEI DANNATI

IMPRECANO CONTRO DIO E I GENITORI
*Bestemmiavano Dio e lor parenti,
l'umana spezie e 'l loco e 'l tempo e 'l seme
di lor semenza e di lor nascimenti*

SONO SPAVENTATI DALLE PAROLE DI CARONTE
*Non isperate mai veder lo cielo:
i' vegno per menarvi a l'altra riva
ne le tenebre etterne, in caldo e 'n gelo.*

Terzo canto

TERREMOTO E SVENIMENTO DI DANTE

La perdita dei sensi di Dante è un escamotage adottato per non spiegare al lettore come attraversa il fiume

La perdita dei sensi torna spesso nella Commedia per non dettagliare le modalità in cui succedono alcune cose

Il sonno nel I canto dell'Inferno come scusa per non spiegare come arriva nella selva oscura

Il sonno per non spiegare come Dante arriva all'ingresso del Purgatorio

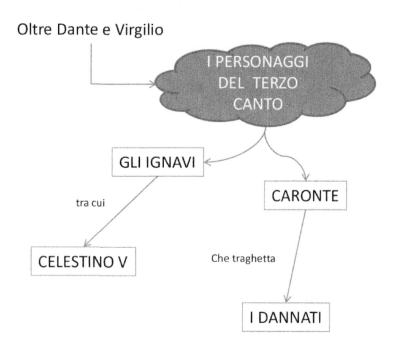

I LUOGHI DEL TERZO CANTO

LA PORTA DELL'INFERNO

L'ANTINFERNO

IL FIUME ACHERONTE

RIPRESO DALLA MITOLOGIA
Come Caronte, è ripreso dalla mitologia greco-romana.

Anche in questo caso, però la sua funzione è diversa e più negativa rispetto al mito classico.

- Per gli antichi è il fiume che porta nel regno dei morti.
- Per Dante è il fiume oltre il quale c'è l'Inferno.

FOCUS CELESTINO V E BENEDETTO XVI

BENEDETTO XVI è stato il primo papa dopo oltre 700 anni ad avere rinunciato in vita al ministero pietrino

Il richiamo a Celestino V è stato immediato

È stata anche l'occasione per riscoprire una figura che proprio a causa di Dante è stata percepita in modo negativo nella cultura di massa

Approfondimenti
Per l'attualità degli argomenti si preferisce rinviare i lettori agli articoli seguenti:

Papa, prima di Benedetto XVI il gran rifiuto di Celestino V
Il Sole 24 Ore – articolo 11 febbraio 2013
https://st.ilsole24ore.com/art/notizie/2013-02-11/papa-prima-benedetto-gran-123723.shtml?uuid=Abt7hKTH

Due scelte a confronto: Celestino V e Benedetto XVI
La Repubblica 04.07.13
https://scuola.repubblica.it/sicilia-catania-icverga/2013/07/04/due-scelte-a-confronto-celestino-v-e-benedetto-xvi/

Il papa si dimette: prima di Benedetto XVI, il "gran rifiuto" di Celestino V. Tutti i precedenti
L'Huffington Post 11/02/2013
https://www.huffingtonpost.it/2013/02/11/il-papa-si-dimette-precedenti-celestino-v_n_2660805.html

FOCUS I VERSI PIÙ RICORDATI DEL III CANTO

Il terzo canto ha alcuni dei passaggi più ricordati nella cultura di massa e vale la pena averli a mente

> *Lasciate ogne speranza, voi ch'intrate*
> Frase adottata per riferirsi a posti in cui si è costretti ad andare controvoglia

> *non ragioniam di lor, ma guarda e passa*
> Espressione usata per indicare persone meschine di cui non vale la pena di preoccuparsi

> *vuolsi così colà dove si puote*
> *ciò che si vuole*
> Si utilizza per indicare la volontà gerarchicamente superiore, sovente in ambito lavorativo ma non solo

SCHEMATICAMENTE

IL QUARTO CANTO DELLA DIVINA COMMEDIA

RISVEGLIO DI DANTE E PALLORE DI VIRGILIO
Il terzo canto si era concluso con lo svenimento di Dante. Il protagonista viene risvegliato da un tuono e si accorge di aver superato l'Averno. Appena si riprende nota un cambiamento in Virgilio. La guida che finora l'ha spronato nel viaggio è pallida e appare in difficoltà.

IL LIMBO
Il motivo è presto detto: stiamo entrando nel limbo, il luogo in cui il poeta latino stava fino a che la richiesta di Beatrice l'ha portato a soccorre Dante.
Il limbo si presenta come un luogo ben diverso dal raduno dei dannati in riva al fiume. Non ci sono grida o urla, quello che colpisce Dante sono i sospiri delle anime presenti. Virgilio spiega che lì ci sono quelli che non ebbero colpa se non quella di non essersi battezzati. Si tratta di varie categorie: quelli nati prima della venuta di Cristo in terra, i bambini morti prima di ricevere il sacramento, i seguaci di altre religioni. Si chiede Dante se mai qualcuno sia uscito da lì e Virgilio spiega che Cristo, dopo la Resurrezione, portò i patriarchi in Paradiso. Si spiega così perché Beatrice nel primo canto fosse vicina a Rachele.

L'INCONTRO CON I GRANDI POETI CLASSICI
Procedendo, alcune figure vengono incontro ai due viaggiatori. Si tratta dei grandi poeti dell'antichità: Omero, Orazio, Ovidio, Lucano. È il gruppo a cui appartiene anche Virgilio. Così, orgogliosamente, Dante può definirsi come il sesto di quella compagnia.

IL CASTELLO DELLE SETTE MURA E SETTE PORTE
Più avanti, i due entrano nel castello degli 'spiriti magni': si tratta di grandi personalità di ogni epoca e luogo. È l'occasione per Dante di fare una lista dei virtuosi non cristiani: da Aristotele (filosofo tenuto in massima considerazione nel medioevo) agli antichi romani e greci come Ettore, Enea, Camilla, Cornelia, Bruto e anche arabi come Saladino e Avicenna.
La scelta dei personaggi e l'ordine di presentazione evidenziano le preferenze di Dante, frutto anche delle convenzioni del medioevo.

CANTO QUARTO

RISVEGLIO DI DANTE

Ruppemi l'alto sonno ne la testa
un greve truono, sì ch'io mi riscossi
come persona ch'è per forza desta;   3

e l'occhio riposato intorno mossi,
dritto levato, e fiso riguardai
per conoscer lo loco dov'io fossi.   6

IL LIMBO

Vero è che 'n su la proda mi trovai
de la valle d'abisso dolorosa
che 'ntrono accoglie d'infiniti guai.   9

Oscura e profonda era e nebulosa
tanto che, per ficcar lo viso a fondo,
io non vi discernea alcuna cosa.   12

"Or discendiam qua giù nel cieco mondo",
cominciò il poeta tutto smorto.
"Io sarò primo, e tu sarai secondo".   15

E io, che del color mi fui accorto,
dissi: "Come verrò, se tu paventi
che suoli al mio dubbiare esser conforto?".   18

Ed elli a me: "L'angoscia de le genti
che son qua giù, nel viso mi dipigne
quella pietà che tu per tema senti.   21

Andiam, ché la via lunga ne sospigne".
Così si mise e così mi fé intrare
nel primo cerchio che l'abisso cigne.   24

Quivi, secondo che per ascoltare,
non avea pianto mai che di sospiri
che l'aura etterna facevan tremare;   27

ciò avvenia di duol sanza martìri,
ch'avean le turbe, ch'eran molte e grandi,
d'infanti e di femmine e di viri.   30

Lo buon maestro a me: "Tu non dimandi
che spiriti son questi che tu vedi?
Or vo' che sappi, innanzi che più andi,   33

ch'ei non peccaro; e s'elli hanno mercedi,
non basta, perché non ebber battesmo,
ch'è porta de la fede che tu credi;   36

e s'e' furon dinanzi al cristianesmo,
non adorar debitamente a Dio:
e di questi cotai son io medesmo.   39

Per tai difetti, non per altro rio,
semo perduti, e sol di tanto offesi
che sanza speme vivemo in disio".   42

Gran duol mi prese al cor quando lo 'ntesi,
però che gente di molto valore
conobbi che 'n quel limbo eran sospesi.   45

"Dimmi, maestro mio, dimmi, segnore",
comincia' io per volere esser certo
di quella fede che vince ogne errore: 48

"uscicci mai alcuno, o per suo merto
o per altrui, che poi fosse beato?".
E quei che 'ntese il mio parlar coverto,   51

rispuose: "Io era nuovo in questo stato,
quando ci vidi venire un possente,
con segno di vittoria coronato.   54

Trasseci l'ombra del primo parente,
d'Abèl suo figlio e quella di Noè,
di Moïsè legista e ubidente;   57

Abraàm patrïarca e Davìd re,
Israèl con lo padre e co' suoi nati
e con Rachele, per cui tanto fé,   60

e altri molti, e feceli beati.
E vo' che sappi che, dinanzi ad essi,
spiriti umani non eran salvati".

Non lasciavam l'andar perch'ei dicessi,
ma passavam la selva tuttavia,
la selva, dico, di spiriti spessi.

Non era lunga ancor la nostra via
di qua dal sonno, quand'io vidi un foco
ch'emisperio di tenebre vincia.

Di lungi n'eravamo ancora un poco,
ma non sì ch'io non discernessi in parte
ch'orrevol gente possedea quel loco.

"O tu ch'onori scïenzïa e arte,
questi chi son c' hanno cotanta onranza,
che dal modo de li altri li diparte?".

E quelli a me: "L'onrata nominanza
che di lor suona sù ne la tua vita,
grazïa acquista in ciel che sì li avanza".

Intanto voce fu per me udita:
"Onorate l'altissimo poeta;
l'ombra sua torna, ch'era dipartita".

Poi che la voce fu restata e queta,
vidi quattro grand'ombre a noi venire:
sembianz'avevan né trista né lieta.

Lo buon maestro cominciò a dire:
"Mira colui con quella spada in mano,
che vien dinanzi ai tre sì come sire:

quelli è Omero poeta sovrano;
l'altro è Orazio satiro che vene;
Ovidio è 'l terzo, e l'ultimo Lucano.

Però che ciascun meco si convene

nel nome che sonò la voce sola,
fannomi onore, e di ciò fanno bene". 93

Così vid'i' adunar la bella scola
di quel segnor de l'altissimo canto
che sovra li altri com'aquila vola. 96

Da ch'ebber ragionato insieme alquanto,
volsersi a me con salutevol cenno,
e 'l mio maestro sorrise di tanto; 99

e più d'onore ancora assai mi fenno,
ch'e' sì mi fecer de la loro schiera,
sì ch'io fui sesto tra cotanto senno. 102

Così andammo infino a la lumera,
parlando cose che 'l tacere è bello,
sì com'era 'l parlar colà dov'era. 105

IL CASTELLO DEI GRANDI SPIRITI DEL PASSATO

Venimmo al piè d'un nobile castello,
sette volte cerchiato d'alte mura,
difeso intorno d'un bel fiumicello. 108

Questo passammo come terra dura;
per sette porte intrai con questi savi:
giugnemmo in prato di fresca verdura. 111

Genti v'eran con occhi tardi e gravi,
di grande autorità ne' lor sembianti:
parlavan rado, con voci soavi. 114

Traemmoci così da l'un de' canti,
in loco aperto, luminoso e alto,
sì che veder si potien tutti quanti. 117

Colà diritto, sovra 'l verde smalto,
mi fuor mostrati li spiriti magni,
che del vedere in me stesso m'essalto. 120

I' vidi Eletra con molti compagni,
tra ' quai conobbi Ettòr ed Enea,

Cesare armato con li occhi grifagni.   123

Vidi Cammilla e la Pantasilea;
da l'altra parte vidi 'l re Latino
che con Lavina sua figlia sedea.   126

Vidi quel Bruto che cacciò Tarquino,
Lucrezia, Iulia, Marzïa e Corniglia;
e solo, in parte, vidi 'l Saladino.   129

Poi ch'innalzai un poco più le ciglia,
vidi 'l maestro di color che sanno
seder tra filosofica famiglia.   132

Tutti lo miran, tutti onor li fanno:
quivi vid'ïo Socrate e Platone,
che 'nnanzi a li altri più presso li stanno;   135

Democrito che 'l mondo a caso pone,
Dïogenès, Anassagora e Tale,
Empedoclès, Eraclito e Zenone;   138

e vidi il buono accoglitor del quale,
Dïascoride dico; e vidi Orfeo,
Tulïo e Lino e Seneca morale;   141

Euclide geomètra e Tolomeo,
Ipocràte, Avicenna e Galïeno,
Averoìs che 'l gran comento feo.   144

Io non posso ritrar di tutti a pieno,
però che sì mi caccia il lungo tema,
che molte volte al fatto il dir vien meno.   147

La sesta compagnia in due si scema:
per altra via mi mena il savio duca,
fuor de la queta, ne l'aura che trema.   150

E vegno in parte ove non è che luca.

Quarto canto

TERREMOTO E SVENIMENTO DI DANTE

La perdita dei sensi di Dante è un escamotage adottato per non spiegare al lettore come attraversa il fiume

La perdita dei sensi torna spesso nella Commedia per non dettagliare le modalità in cui succedono alcune cose

Il sonno nel I canto dell'Inferno come scusa per non spiegare come arriva nella selva oscura

Il sonno per non spiegare come Dante arriva all'ingresso del Purgatorio

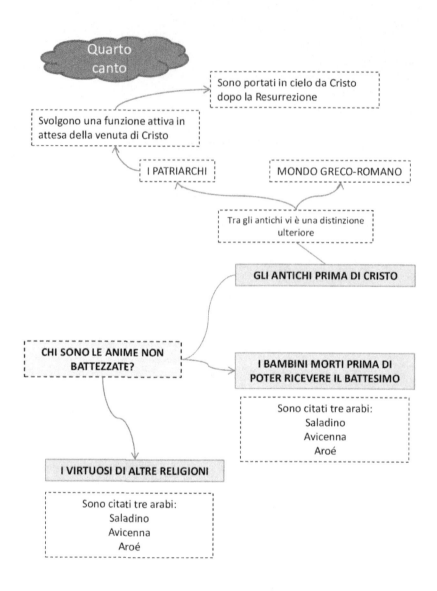

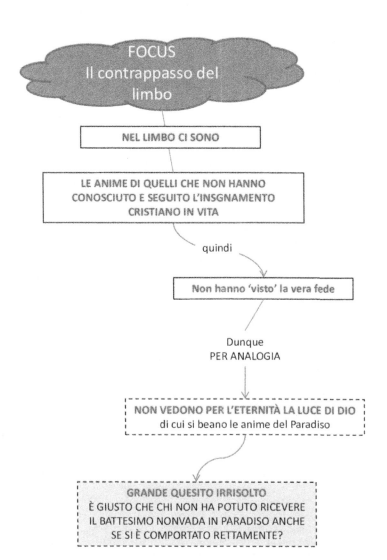

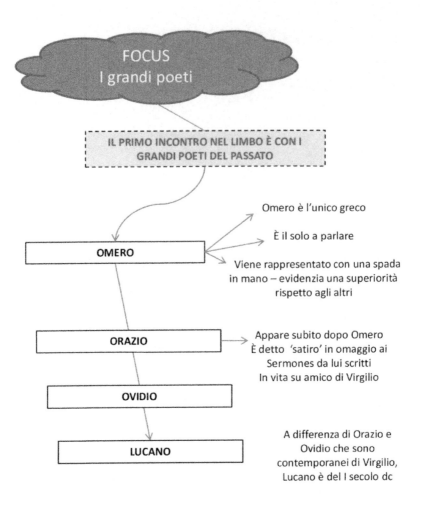

FOCUS
I grandi poeti

IL PRIMO INCONTRO NEL LIMBO È CON I GRANDI POETI DEL PASSATO

OMERO
- Omero è l'unico greco
- È il solo a parlare
- Viene rappresentato con una spada in mano – evidenzia una superiorità rispetto agli altri

ORAZIO
- Appare subito dopo Omero
- È detto 'satiro' in omaggio ai Sermones da lui scritti
- In vita su amico di Virgilio

OVIDIO

LUCANO
- A differenza di Orazio e Ovidio che sono contemporanei di Virgilio, Lucano è del I secolo dc

DANTE SESTO POETA
Dante evidenzia come si senta il sesto (in ordine di importanza) di questo consesso (per arrivare a sei poeti, ai quattro citati bisogna aggiungere Virgilio e lo stesso Dante)

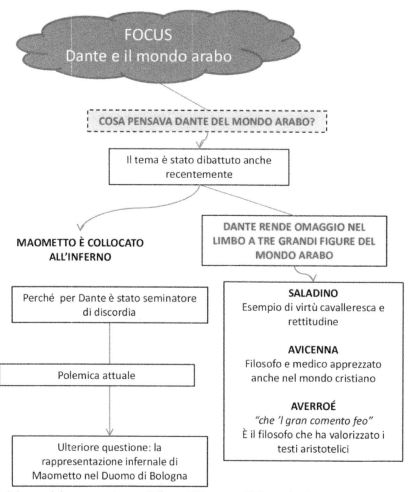

Bologna, sale la preoccupazione per l'affresco di Maometto all'inferno a San Petronio – Il Messaggero 7 gennaio 2015
https://www.ilmessaggero.it/primopiano/vaticano/bologna_sale_preoccupazione_affresco_maometto_inferno_san_petronio-791452.html

Su Dante e il mondo arabo consulta

UMBERTO ECO – DANTE E L'ISLAM – Panorama 12 dicembre 2014
https://espresso.repubblica.it/opinioni/la-bustina-di-minerva/2014/12/10/news/dante-e-l-islam-1.191222

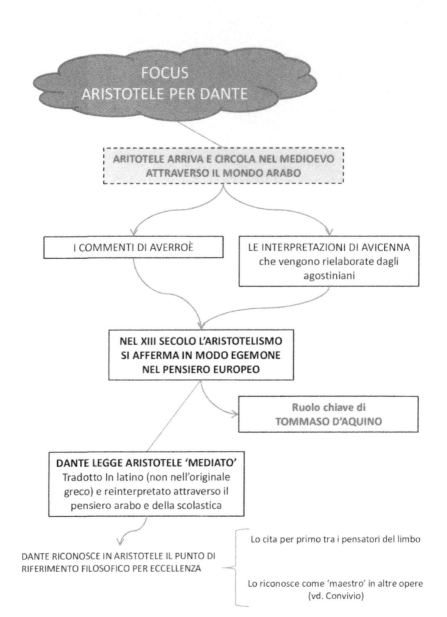

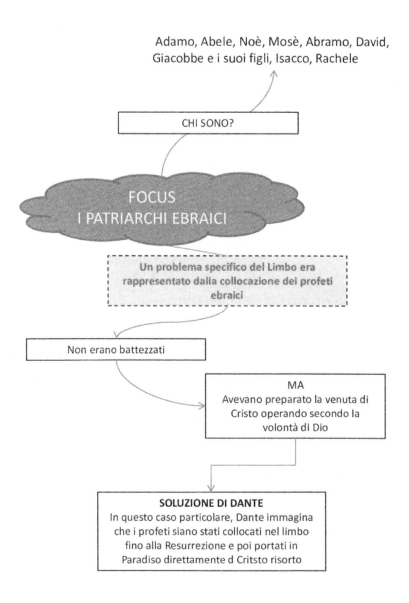

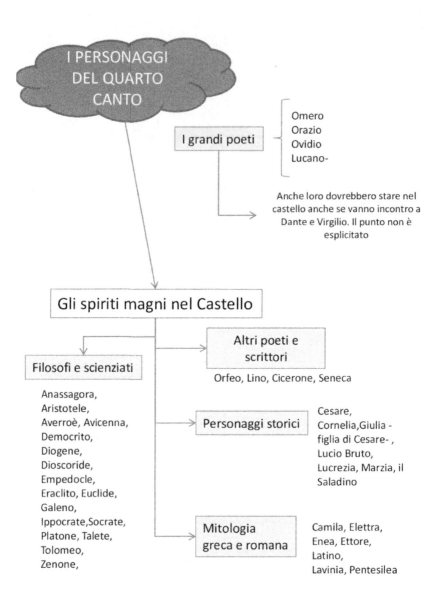

I LUOGHI DEL
QUARTO CANTO

Svenimento alla fine del III canto

**SIAMO NEL
PRIMO CERCHIO DELL'INFERNO**

**prima
LUNGO LA VIA**

Incontro con i grandi poeti

**poi
CASTELLO
DEGLI SPIRITI MAGNI**

SCHEMATICAMENTE

IL QUINTO CANTO DELLA DIVINA COMMEDIA

IL SECONDO CERCHIO DELL'INFERNO. INCONTRO CON MINOSSE

Dante e Virgilio passano dal primo al secondo cerchio dell'Inferno. Dopo la quiete del limbo, ritroviamo il contesto infernale che aveva caratterizzato il III canto (attraversamento dell'Acheronte).

Qui troviamo Minosse trasformato, rispetto alla mitologia classica, in giudice implacabile e spaventoso. . Di fronte a lui le anime non possono esimersi dal confessare tutte le loro colpe. Minosse li condanna in ragione delle colpe e li destina al girone dell'Inferno a seconda del numero di giri della sua coda. Quando vede che Dante è vivo, Minosse lo mette in guardia ma ancora una volta (come con Caronte) Virgilio lo rimprovera riaffermando che il viaggio è voluto da Dio.

DANTE TRA I LUSSURIOSI

Entrato nel girone dei lussuriosi, Dante si ritrova in un ambiente oscuro e tempestoso, come fosse mare in tempesta, e si sente soverchiato dal dolore. Qui le anime dannate vengono sbattute e percosse dal vento, fino a sfracellarsi contro le rocce, provocando un dolore che è fisico. Dalla pena inflitta, Dante capisce che sono lussuriosi e spiega il contrappasso: incapaci di resistere alle passioni in vita, non resistono al vento per l'eternità. Lì vede Semiramide, Didone, Cleopatra, Elena, Achille, Paride, Tristano.

PAOLO E FRANCESCA

Dante viene colpito da una coppia di anime ed ottiene da Virgilio il permesso di parlarci. Si tratta di Paolo e Francesca, amanti sorpresi e uccisi dal marito di lei nonché fratello di lui. Dante è commosso dall'incontro, che è uno dei più amati e noti della Divina Commedia. Tanto la loro sorte colpisce il poeta che cade svenuto (come nel canto III).

CANTO QUINTO

SECONDO CERCHIO - INCONTRO CON MINOSSE

Così discesi del cerchio primaio
giù nel secondo, che men loco cinghia
e tanto più dolor, che punge a guaio.   3

Stavvi Minòs orribilmente, e ringhia:
essamina le colpe ne l'intrata;
giudica e manda secondo ch'avvinghia.   6

Dico che quando l'anima mal nata
li vien dinanzi, tutta si confessa;
e quel conoscitor de le peccata   9

vede qual loco d'inferno è da essa;
cignesi con la coda tante volte
quantunque gradi vuol che giù sia messa.   12

Sempre dinanzi a lui ne stanno molte:
vanno a vicenda ciascuna al giudizio,
dicono e odono e poi son giù volte.   15

"O tu che vieni al doloroso ospizio",
disse Minòs a me quando mi vide,
lasciando l'atto di cotanto offizio,   18

"guarda com'entri e di cui tu ti fide;
non t'inganni l'ampiezza de l'intrare!".
E 'l duca mio a lui: "Perché pur gride?   21

Non impedir lo suo fatale andare:
vuolsi così colà dove si puote
ciò che si vuole, e più non dimandare".   24

I LUSSURIOSI

Or incomincian le dolenti note
a farmisi sentire; or son venuto
là dove molto pianto mi percuote.   27

Io venni in loco d'ogne luce muto,
che mugghia come fa mar per tempesta,
se da contrari venti è combattuto.   30

La bufera infernal, che mai non resta,
mena li spirti con la sua rapina;
voltando e percotendo li molesta. 33

Quando giungon davanti a la ruina,
quivi le strida, il compianto, il lamento;
bestemmian quivi la virtù divina. 36

Intesi ch'a così fatto tormento
enno dannati i peccator carnali,
che la ragion sommettono al talento. 39

E come li stornei ne portan l'ali
nel freddo tempo, a schiera larga e piena,
così quel fiato li spiriti mali 42

di qua, di là, di giù, di sù li mena;
nulla speranza li conforta mai,
non che di posa, ma di minor pena. 45

E come i gru van cantando lor lai,
faccendo in aere di sé lunga riga,
così vid'io venir, traendo guai, 48

ombre portate da la detta briga;
per ch'i' dissi: "Maestro, chi son quelle
genti che l'aura nera sì gastiga?". 51

"La prima di color di cui novelle
tu vuo' saper", mi disse quelli allotta,
"fu imperadrice di molte favelle. 54

A vizio di lussuria fu sì rotta,
che libito fé licito in sua legge,
per tòrre il biasmo in che era condotta. 57

Ell'è Semiramìs, di cui si legge
che succedette a Nino e fu sua sposa:
tenne la terra che 'l Soldan corregge. 60

L'altra è colei che s'ancise amorosa,
e ruppe fede al cener di Sicheo;
poi è Cleopatràs lussurïosa. 63

Elena vedi, per cui tanto reo
tempo si volse, e vedi 'l grande Achille,
che con amore al fine combatteo. 66

Vedi Parìs, Tristano"; e più di mille
ombre mostrommi e nominommi a dito,
ch'amor di nostra vita dipartille. 69

Poscia ch'io ebbi 'l mio dottore udito
nomar le donne antiche e ' cavalieri,
pietà mi giunse, e fui quasi smarrito. 72

PAOLO E FRANCESCA

I' cominciai: "Poeta, volontieri
parlerei a quei due che 'nsieme vanno,
e paion sì al vento esser leggeri". 75

Ed elli a me: "Vedrai quando saranno
più presso a noi; e tu allor li priega
per quello amor che i mena, ed ei verranno". 78

Sì tosto come il vento a noi li piega,
mossi la voce: "O anime affannate,
venite a noi parlar, s'altri nol niega!". 81

Quali colombe dal disio chiamate
con l'ali alzate e ferme al dolce nido
vegnon per l'aere, dal voler portate; 84

cotali uscir de la schiera ov'è Dido,
a noi venendo per l'aere maligno,
sì forte fu l'affettüoso grido. 87

IL RAACCCONTO DI FRANCCCESCA

"O animal grazïoso e benigno
che visitando vai per l'aere perso
noi che tignemmo il mondo di sanguigno, 90

se fosse amico il re de l'universo,
noi pregheremmo lui de la tua pace,
poi c' hai pietà del nostro mal perverso. 93

Di quel che udire e che parlar vi piace,
noi udiremo e parleremo a voi,
mentre che 'l vento, come fa, ci tace. 96

Siede la terra dove nata fui
su la marina dove 'l Po discende
per aver pace co' seguaci sui. 99

Amor, ch'al cor gentil ratto s'apprende,
prese costui de la bella persona
che mi fu tolta; e 'l modo ancor m'offende. 102

Amor, ch'a nullo amato amar perdona,
mi prese del costui piacer sì forte,
che, come vedi, ancor non m'abbandona. 105

Amor condusse noi ad una morte.
Caina attende chi a vita ci spense".
Queste parole da lor ci fuor porte. 108

Quand'io intesi quell'anime offense,
china' il viso, e tanto il tenni basso,
fin che 'l poeta mi disse: "Che pense?". 111

Quando rispuosi, cominciai: "Oh lasso,
quanti dolci pensier, quanto disio
menò costoro al doloroso passo!". 114

Poi mi rivolsi a loro e parla' io,
e cominciai: "Francesca, i tuoi martìri
a lagrimar mi fanno tristo e pio. 117

Ma dimmi: al tempo d'i dolci sospiri,
a che e come concedette amore
che conosceste i dubbiosi disiri?". 120

E quella a me: "Nessun maggior dolore
che ricordarsi del tempo felice
ne la miseria; e ciò sa 'l tuo dottore.   123

Ma s'a conoscer la prima radice
del nostro amor tu hai cotanto affetto,
dirò come colui che piange e dice.   126

Noi leggiavamo un giorno per diletto
di Lancialotto come amor lo strinse;
soli eravamo e sanza alcun sospetto.   129

Per più fïate li occhi ci sospinse
quella lettura, e scolorocci il viso;
ma solo un punto fu quel che ci vinse.   132

Quando leggemmo il disïato riso
esser basciato da cotanto amante,
questi, che mai da me non fia diviso,   135

la bocca mi basciò tutto tremante.
Galeotto fu 'l libro e chi lo scrisse:
quel giorno più non vi leggemmo avante".   138
                                                    NUOVO SVENIMENTO DI DANTE

Mentre che l'uno spirto questo disse,
l'altro piangëa; sì che di pietade
io venni men così com'io morisse.   141

E caddi come corpo morto cade.

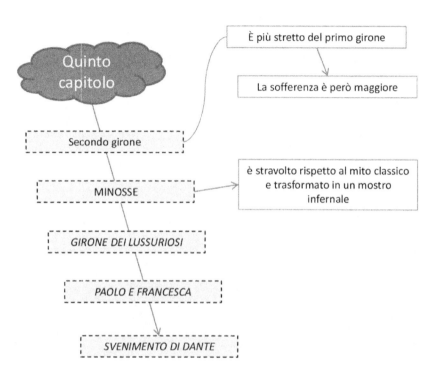

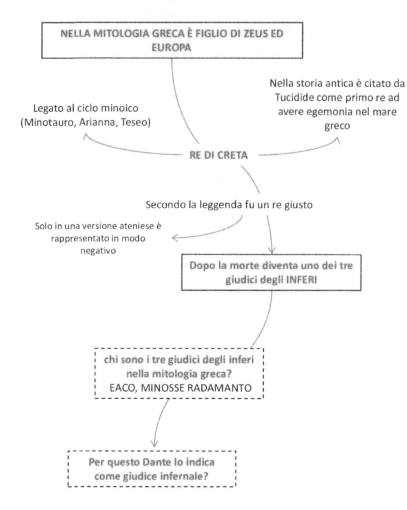

FOCUS MINOSSE

DIFFERENZE TRA IL MITO GRECO E LA DIVINA COMMEDIA

COME PER CARONTE NEL III CANTO

MINOSSE NEL MITO GRECO è AUSTERO MA RISPETTABILE

Trasformazione fisica: La coda

MINOSSE NELLA DIVINA COMMEDIA È 'INFERNALIZZATO'

Dove è collocato?
All'ingresso del II cerchio
Perché le anime del I cerchio non hanno commesso peccati gravi

Perché questa trasformazione?
Perché l'Inferno dantesco è un luogo di dannazione mentre per gli antichi coincideva con l'Ade e non aveva una funzione punitiva

ANALOGIE CARONTE E MINOSSE

IN ENTRAMBI I CASI SI TRATTA DI PERSONAGGI DEL MITO GRECO

SONO ENTRAMBI INFERNALIZZATI
IMBRUTTITI FISICAMENTE
FANNO PAURA ALLE ANIME DANNATE

anche Minosse come Caronte
riprende Dante perché è lì da vivo

Viriglio da a Caronte e Minosse esattamente la stessa risposta

CANTO III
RISPOSTA A CARONTE
«Caron, non ti crucciare:
vuolsi così colà dove si puote
ciò che si vuole, e più non dimandare»

CANTO V
RISPOSTA A MINOSSE
Non impedir lo suo fatale andare:
vuolsi così colà dove si puote
ciò che si vuole, e più non dimandare»

> La bufera infernal, che mai non resta,
> mena li spirti con la sua rapina;
> voltando e percotendo li molesta.

IL CONTRAPPASSO DEI LUSSURIOSI

Quelli che in vita furono in balia delle passioni, sono per l'eternità in balia del vento

Contrappasso per analogia

> Intesi ch'a così fatto tormento
> enno dannati i peccator carnali,
> che la ragion sommettono al talento.

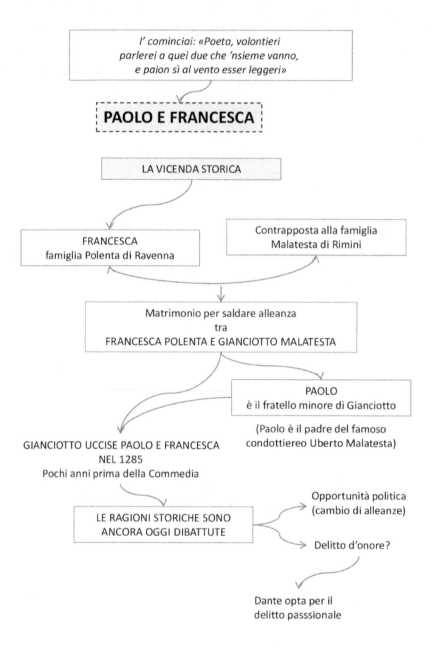

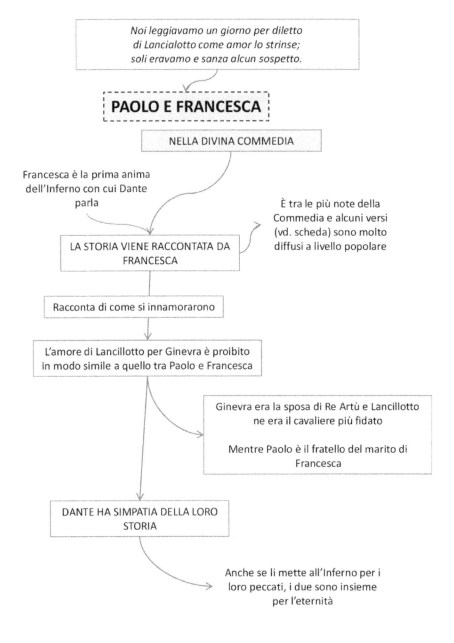

PAOLO E FRANCESCA

I VERSI MEMORABILI

Amor, ch'a nullo amato amar perdona,
mi prese del costui piacer sì forte,
che, come vedi, ancor non m'abbandona.

Noi leggiavamo un giorno per diletto
di Lancialotto come amor lo strinse;
soli eravamo e sanza alcun sospetto.

Quando leggemmo il disiato riso
esser basciato da cotanto amante,
questi, che mai da me non fia diviso,

a bocca mi basciò tutto tremante.
Galeotto fu 'l libro e chi lo scrisse:
quel giorno più non vi leggemmo avante

SCHEMATICAMENTE

IL SESTO CANTO DELLA DIVINA COMMEDIA

IL TERZO CERCHIO DELL'INFERNO. LA PENA DEI GOLOSI

Il quinto canto si era concluso con lo svenimento di Dante a seguito dell'incontro con Paolo e Francesca. Il sesto canto si apre con il risveglio di Dante nel terzo cerchio. La prima immagine che viene proposta è quella di una pioggia forte e costante che si abbatte sul terreno formando una fanghiglia maleodorante. Nel fango rotolano i dannati, sovrastati e spaventati da Cerbero, il cane a tre teste anch'esso ripreso dalla mitologia classica. Il cane cerca di avventarsi contro Dante e Virgilio ma Virgilio lo placa lanciandogli un pungo di terra che la bestia accoglie come se avesse ricevuto un boccone da mangiare.

INCONTRO CON CIACCO

Tra i dannati avvolti nel fango, uno si rivolge a Dante dicendo di conoscerlo. Ma l'aspetto dell'uomo lo rende irriconoscibile (la trasformazione infernale renderà così anche altri personaggi) così si rivela da solo. Si tratta di Ciacco, uno dei grandi uomini di Firenze del XIII secolo, che però è lì per i peccati di gola. Dante scopre così che anche altri personaggi illustri della sua città sono lì. Si tratta di Farinata Degli Uberti, del Tegghiaio, Iacopo Rusticucci, Arrigo, Mosca dei Lamberti. Costoro anzi sono 'tra le anime più nere'.

LE TRE PROFEZIE DI CIACCO

Prima della sorte degli altri suoi concittadini, Dante chiede a Ciacco del futuro che attende la città di Firenze. Ciacco gli predice lo scontro tra Guelfi bianchi e neri

> (1) Inizialmente prevarranno i bianchi per tre anni, ai quali seguirà un lungo e doloroso periodo di supremazia dei neri favorito da Bonifacio VIII (nominato indirettamente),
>
> (2) A Firenze vi sono solo due (pochi) saggi ma nessuno li ascolta,

(3) Il motivo delle lotte è da cercarsi nell'invidia, avarizia e superbia.

IL FUTURO DELLE ANIME DANNATE

Dopo aver parlato, Ciacco si reimmerge nella melma. Virgilio spiega a Dante che rimarrà così fino al giudizio universale. Cosa succederà dopo?, chiede a quel punto Dante. La risposta di Virgilio, basata sul pensiero aristotelico, è che la pena si perfezionerà cioè non solo continuerà in eterno ma sarà anche più dura.

Detto questo si avviano nel girone successivo, dove incontreranno Pluto.

CANTO SESTO

DANTE RINVIENE – TERZO CERCHIO

Al tornar de la mente, che si chiuse
dinanzi a la pietà d'i due cognati,
che di trestizia tutto mi confuse, 3

novi tormenti e novi tormentati
mi veggio intorno, come ch'io mi mova
e ch'io mi volga, e come che io guati. 6

Io sono al terzo cerchio, de la piova
etterna, maladetta, fredda e greve;
regola e qualità mai non l'è nova. 9

Grandine grossa, acqua tinta e neve
per l'aere tenebroso si riversa;
pute la terra che questo riceve. 12

CERBERO

Cerbero, fiera crudele e diversa,
con tre gole caninamente latra
sovra la gente che quivi è sommersa. 15

Li occhi ha vermigli, la barba unta e atra,
e 'l ventre largo, e unghiate le mani;
graffia li spirti ed iscoia ed isquatra. 18

Urlar li fa la pioggia come cani;
de l'un de' lati fanno a l'altro schermo;
volgonsi spesso i miseri profani. 21

Quando ci scorse Cerbero, il gran vermo,
le bocche aperse e mostrocci le sanne;
non avea membro che tenesse fermo. 24

E 'l duca mio distese le sue spanne,
prese la terra, e con piene le pugna
la gittò dentro a le bramose canne. 27

Qual è quel cane ch'abbaiando agogna,
e si racqueta poi che 'l pasto morde,

ché solo a divorarlo intende e pugna, 30

cotai si fecer quelle facce lorde
de lo demonio Cerbero, che 'ntrona
l'anime sì, ch'esser vorrebber sorde. 33

GOLOSI - INCONTRO CON CIACCO

Noi passavam su per l'ombre che adona
la greve pioggia, e ponavam le piante
sovra lor vanità che par persona. 36

Elle giacean per terra tutte quante,
fuor d'una ch'a seder si levò, ratto
ch'ella ci vide passarsi davante. 39

"O tu che se' per questo 'nferno tratto",
mi disse, "riconoscimi, se sai:
tu fosti, prima ch'io disfatto, fatto". 42

E io a lui: "L'angoscia che tu hai
forse ti tira fuor de la mia mente,
sì che non par ch'i' ti vedessi mai. 45

Ma dimmi chi tu se' che 'n sì dolente
loco se' messo, e hai sì fatta pena,
che, s'altra è maggio, nulla è sì spiacente". 48

Ed elli a me: "La tua città, ch'è piena
d'invidia sì che già trabocca il sacco,
seco mi tenne in la vita serena. 51

Voi Cittadini mi chiamaste Ciacco
per la dannosa colpa de la gola,
come tu vedi, a la pioggia mi fiacco. 54

E io anima trista non son sola,
ché tutte queste a simil pena stanno
per simil colpa". E più non fé parola. 57

Io li rispuosi: "Ciacco, il tuo affanno

mi pesa sì, ch'a lagrimar mi 'nvita;
ma dimmi, se tu sai, a che verranno 60

li cittadin de la città partita;
s'alcun v'è giusto; e dimmi la cagione
per che l' ha tanta discordia assalita". 63

CIACCO PARLA DEL FUTURO DI FIRENZE

E quelli a me: "Dopo lunga tencione
verranno al sangue, e la parte selvaggia
caccerà l'altra con molta offensione. 66

Poi appresso convien che questa caggia
infra tre soli, e che l'altra sormonti
con la forza di tal che testé piaggia. 69

Alte terrà lungo tempo le fronti,
tenendo l'altra sotto gravi pesi,
come che di ciò pianga o che n'aonti. 72

Giusti son due, e non vi sono intesi;
superbia, invidia e avarizia sono
le tre faville c' hanno i cuori accesi". 75

CIACCO E DANTE PARLANO DI FIORENTINI ILLUSTRI

Qui puose fine al lagrimabil suono.
E io a lui: "Ancor vo' che mi 'nsegni
e che di più parlar mi facci dono. 78

Farinata e 'l Tegghiaio, che fuor sì degni,
Iacopo Rusticucci, Arrigo e 'l Mosca
e li altri ch'a ben far puoser li 'ngegni, 81

dimmi ove sono e fa ch'io li conosca;
ché gran disio mi stringe di savere
se 'l ciel li addolcia o lo 'nferno li attosca". 84

E quelli: "Ei son tra l'anime più nere;
diverse colpe giù li grava al fondo:
se tanto scendi, là i potrai vedere. 87

Ma quando tu sarai nel dolce mondo,
priegoti ch'a la mente altrui mi rechi:
più non ti dico e più non ti rispondo". 90

Li diritti occhi torse allora in biechi;
guardommi un poco e poi chinò la testa:
cadde con essa a par de li altri ciechi. 93

E 'l duca disse a me: "Più non si desta
di qua dal suon de l'angelica tromba,
quando verrà la nimica podesta: 96

ciascun rivederà la trista tomba,
ripiglierà sua carne e sua figura,
udirà quel ch'in etterno rimbomba". 99

Sì trapassammo per sozza mistura
de l'ombre e de la pioggia, a passi lenti,
toccando un poco la vita futura; 102

per ch'io dissi: "Maestro, esti tormenti
crescerann'ei dopo la gran sentenza,
o fier minori, o saran sì cocenti?". 105

Ed elli a me: "Ritorna a tua scïenza,
che vuol, quanto la cosa è più perfetta,
più senta il bene, e così la doglienza. 108

Tutto che questa gente maladetta
in vera perfezion già mai non vada,
di là più che di qua essere aspetta". 111

Noi aggirammo a tondo quella strada,
parlando più assai ch'i' non ridico;
venimmo al punto dove si digrada: 114

quivi trovammo Pluto, il gran nemico.

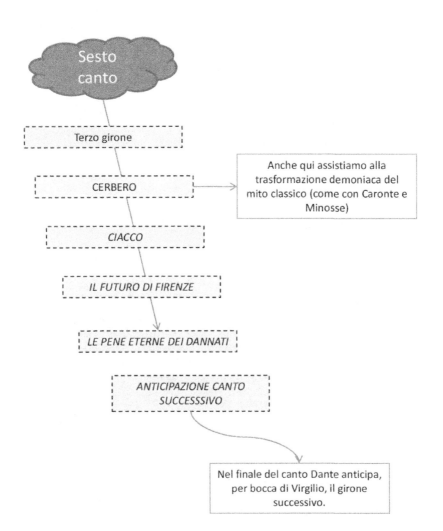

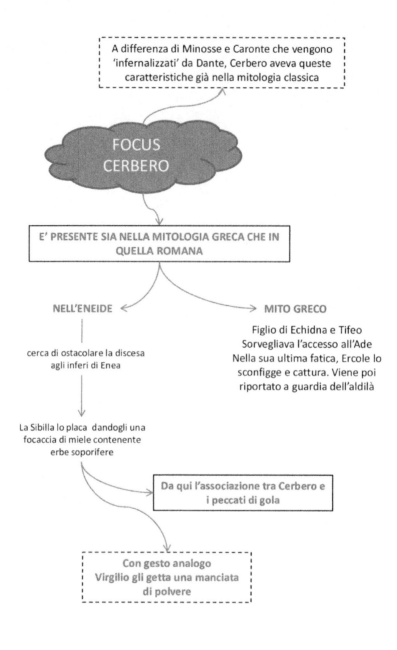

FOCUS

IN GENERALE
GHIBELLINI a favore dell'Impero
GUELFI a favore del Papato

**IN TOSCANA E A FIRENZE TRA 1200 E 1300
È FONDAMENTALE LA LOTTA TRA**

Inizia dopo che i guelfi sconfiggono i ghibellini nel 1289 nella battaglia di Campaldino

GUELFI BIANCHI E NERI

GUELFI BIANCHI
A Firenze famiglia dei Cerchi

Pur favorevoli al Papato rivendicavano un'autonomia cittadina
In seguito si avvicineranno anche ai ghibellini

GUELFI NERI
A Firenze famiglia dei Donati

Rappresentano la fazione più radicale a favore del Papato che dovrebbe sovrintendere anche alle vicende politiche

Le fazioni si contraddistinguono spesso più per motivi di potere che non di visione politica

DANTE STA CON I GUELFI BIANCHI

FOCUS

Le due fazioni nascono a Pistoia

GUELFI BIANCHI E NERI
Come evolve nel tempo la vicenda?

Fine 1200
Rivalità tra i Cerchi che venivano dal contado (la parte selvaggia) e di recente ricchezza contro i Donati, famiglia di più antica origine fiorentina

Calendimaggio – 1 maggio 1300
Primo scontro a sangue tra le due fazioni

Cacciata dei Donati (neri) da Firenze
Primo scontro a sangue tra le due fazioni

BONIFACIO VIII ACCOGLIE LA RICHIESTA DI AIUTO DEI DONATI E CHIEDE AIUTO A CARLO DI VALOIS

1301-02 CARLO DI VALOIS PORTA AL POTERE DI FIRENZE I DONATI

ESILIO DI DANTE 1301-1304

IL CONTRAPPASSO DEI GOLOSI

Per contrapposizione

Tanto si erano preoccupati di mangiare e bere bene in vita tanto sono costretti a mangiare fango dopo la morte

La pena riguarda sia il cibo che gli odori (il fango è maleodorante).
Il disagio è fisico e procurato anche dalla pioggia e dalla spaventosa presenza di Cerbero

La pioggia li fa urlare come cani; cercano di proteggersi l'un l'altro coi fianchi; i miseri peccatori si voltano spesso.

Cerbero, fiera crudele e diversa, con tre gole caninamente latra sovra la gente che quivi è sommersa.

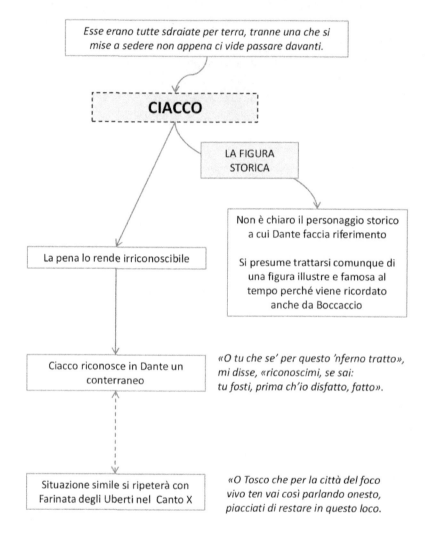

LE PROFEZIE SU FIRENZE

I PERSONAGGI DEL SESTO CANTO

CERBERO

CIACCO

IL GRUPPO DEI FIORENTINI

Farinata Degli Uberti
Tegghiaio Aldobrandi
Iacopo Rusticucci
Mosca dei Lamberti
Arrigo

Come Ciacco, non è stato storicamente identificato ←

I LUOGHI

Il sesto canto parla soprattutto di Firenze e dello scontro tra Guelfi bianchi e neri

SCHEMATICAMENTE

IL SETTIMO CANTO DELLA DIVINA COMMEDIA

IL QUARTO E IL QUINTO CERCHIO DELL'INFERNO. LA PENA PER I PECCATI DI AVARIZIA E DI PRODIGALITÀ E QUELLI DI IRA E ACCIDIA.

Dante e Virgilio giungono all'entrata del quarto cerchio dell'Inferno, dove incontrano Pluto, la cui presenza era già stata anticipata nell'ultimo verso del canto VI. Il canto si apre con una minacciosa invocazione di Satana da parte di Pluto che viene subito zittito da Virgilio. Egli, "il savio gentil, che tutto seppe", dopo aver tranquillizzato Dante in merito all'inquietante presenza, si rivolge a Pluto ricordandogli la cacciata di Lucifero dal paradiso per mano dell'arcangelo Michele. Con una similitudine che paragona la sconfitta di Pluto alle vele di una barca alla quale è stato spezzato il ramo, si chiude il dialogo con il dannato.

GLI AVARI E I PRODIGHI

I due scendono quindi nel quarto cerchio, in cui sono puniti GLI AVARI E I PRODGHI.
Qui si assiste per la prima volta ad un girone in cui la stessa pena viene inflitta per punire due peccati opposti, quelli di chi è avido e quelli di chi invece spende senza misura. I dannati sono sistemati in due opposti semicerchi e vengono costretti a spingere un peso con il petto. Alle due estremità del cerchio, i dannati si scontrano fisicamente e verbalmente e così dovranno fare per l'eternità. Queste persone hanno faticato in vita per accumulare o sperperare ricchezze, così ora devono faticare per trascinare qualcosa di inutile.
Dante nota subito la presenza di alcuni chierici ambo i lati. Si tratta di una chiara critica nei confronti della chiesa, accusata di avarizia. Dante non potrà riconoscere nessuno, come invece ha fatto nei cerchi precedenti, perché queste anime si sono macchiate con i peccati e sono diventate scure e quindi irriconoscibili.

LA FORTUNA

Virgilio introduce il tema della fortuna e facendo notare a Dante quanto siano stati inutili i beni materiali, quei beni legati alla "fortuna" che in tanti rincorrono durante la vita per poi ridursi alle pene dell'inferno. La fortuna non assume una connotazione positiva come ai tempi attuali, ma è vista come un'entità che muove e distribuisce i beni materiali in vita per volontà divina. Dio ha affidato alla gerarchia ecclesiastica l'illuminazione dei cieli, allo stesso modo ha affidato alla fortuna la distribuzione delle ricchezze. La colpa delle anime è anche quella di aver forzato il proprio destino non tenendo conto della volontà divina.

GLI IRACONDI E GLI ACCIDIOSI

I due poeti giungono al quinto cerchio, dove vengono puniti gli iracondi e gli accidiosi. L'attenzione di Dante viene subito catturata da una fonte d'acqua in ebollizione e di colore scuro che sfocia nello Stige, fiume che si trova anche nell'Eneide di Virgilio. Ai lati del pantano sono immersi gli iracondi, che si percuotono tra loro con il petto e con i piedi senza aver mai pace e che addirittura si strappano i denti senza potersi trattenere, come non si sono trattenuti in vita. Dentro il pantano sono invece sommersi gli accidiosi, che in vita si sono trattenuti dall'esternare emozioni. Ora sono privati della parola e della vista e sospirano continuamente per la tristezza, facendo ribollire l'acqua.

CANTO SETTIMO

<small>PLUTO</small>

"Pape Satàn, pape Satàn aleppe!",
cominciò Pluto con la voce chioccia;
e quel savio gentil, che tutto seppe,   3

disse per confortarmi: "Non ti noccia
la tua paura; ché, poder ch'elli abbia,
non ci torrà lo scender questa roccia".   6

Poi si rivolse a quella 'nfiata labbia,
e disse: "Taci, maladetto lupo!
consuma dentro te con la tua rabbia.   9

Non è sanza cagion l'andare al cupo:
vuolsi ne l'alto, là dove Michele
fé la vendetta del superbo strupo".   12

Quali dal vento le gonfiate vele
caggiono avvolte, poi che l'alber fiacca,
tal cadde a terra la fiera crudele.   15

<small>AVARI E PRODIGHI</small>

Così scendemmo ne la quarta lacca,
pigliando più de la dolente ripa
che 'l mal de l'universo tutto insacca.   18

Ahi giustizia di Dio! tante chi stipa
nove travaglie e pene quant'io viddi?
e perché nostra colpa sì ne scipa?   21

Come fa l'onda là sovra Cariddi,
che si frange con quella in cui s'intoppa,
così convien che qui la gente riddi.   24

Qui vid'i' gente più ch'altrove troppa,
e d'una parte e d'altra, con grand'urli,

voltando pesi per forza di poppa.   27

Percotëansi 'ncontro; e poscia pur lì
si rivolgea ciascun, voltando a retro,
gridando: "Perché tieni?" e "Perché burli?".   30

Così tornavan per lo cerchio tetro
da ogne mano a l'opposito punto,
gridandosi anche loro ontoso metro;   33

poi si volgea ciascun, quand'era giunto,
per lo suo mezzo cerchio a l'altra giostra.
E io, ch'avea lo cor quasi compunto,   36

dissi: "Maestro mio, or mi dimostra
che gente è questa, e se tutti fuor cherci
questi chercuti a la sinistra nostra".   39

Ed elli a me: "Tutti quanti fuor guerci
sì de la mente in la vita primaia,
che con misura nullo spendio ferci.   42

Assai la voce lor chiaro l'abbaia,
quando vegnono a' due punti del cerchio
dove colpa contraria li dispaia.   45

Questi fuor cherci, che non han coperchio
piloso al capo, e papi e cardinali,
in cui usa avarizia il suo soperchio".   48

E io: "Maestro, tra questi cotali
dovre' io ben riconoscere alcuni
che furo immondi di cotesti mali".   51

Ed elli a me: "Vano pensiero aduni:

la sconoscente vita che i fé sozzi,
ad ogne conoscenza or li fa bruni.   54

In etterno verranno a li due cozzi:
questi resurgeranno del sepulcro
col pugno chiuso, e questi coi crin mozzi.   57

Mal dare e mal tener lo mondo pulcro
ha tolto loro, e posti a questa zuffa:
qual ella sia, parole non ci appulcro.   60

Or puoi, figliuol, veder la corta buffa
d'i ben che son commessi a la fortuna,
per che l'umana gente si rabuffa;   63

ché tutto l'oro ch'è sotto la luna
e che già fu, di quest'anime stanche
non poterebbe farne posare una".   66

"Maestro mio", diss'io, "or mi dì anche:
questa fortuna di che tu mi tocche,
che è, che i ben del mondo ha sì tra branche?".   69

VIRGILIO PARLA DELLA FORTUNA

E quelli a me: "Oh creature sciocche,
quanta ignoranza è quella che v'offende!
Or vo' che tu mia sentenza ne 'mbocche.   72

Colui lo cui saver tutto trascende,
fece li cieli e diè lor chi conduce
sì, ch'ogne parte ad ogne parte splende,   75

distribuendo igualmente la luce.
Similemente a li splendor mondani
ordinò general ministra e duce   78

che permutasse a tempo li ben vani
di gente in gente e d'uno in altro sangue,
oltre la difension d'i senni umani; 81

per ch'una gente impera e l'altra langue,
seguendo lo giudicio di costei,
che è occulto come in erba l'angue. 84

Vostro saver non ha contasto a lei:
questa provede, giudica, e persegue
suo regno come il loro li altri dèi. 87

Le sue permutazion non hanno triegue:
necessità la fa esser veloce;
sì spesso vien chi vicenda consegue. 90

Quest'è colei ch'è tanto posta in croce
pur da color che le dovrien dar lode,
dandole biasmo a torto e mala voce; 93

ma ella s'è beata e ciò non ode:
con l'altre prime creature lieta
volve sua spera e beata si gode. 96

Or discendiamo omai a maggior pieta;
già ogne stella cade che saliva
quand'io mi mossi, e 'l troppo star si vieta". 99

GLI IRACONDI - V CERCHIO

Noi ricidemmo il cerchio a l'altra riva
sovr'una fonte che bolle e riversa
per un fossato che da lei deriva. 102

L'acqua era buia assai più che persa;
e noi, in compagnia de l'onde bige,
intrammo giù per una via diversa. 105

In la palude va c' ha nome Stige
questo tristo ruscel, quand'è disceso
al piè de le maligne piagge grige. 108

E io, che di mirare stava inteso,
vidi genti fangose in quel pantano,
ignude tutte, con sembiante offeso. 111

Queste si percotean non pur con mano,
ma con la testa e col petto e coi piedi,
troncandosi co' denti a brano a brano. 114

Lo buon maestro disse: "Figlio, or vedi
l'anime di color cui vinse l'ira;
e anche vo' che tu per certo credi 117

che sotto l'acqua è gente che sospira,
e fanno pullular quest'acqua al summo,
come l'occhio ti dice, u' che s'aggira. 120

Fitti nel limo dicon: "Tristi fummo
ne l'aere dolce che dal sol s'allegra,
portando dentro accidïoso fummo: 123

or ci attristiam ne la belletta negra".
Quest'inno si gorgoglian ne la strozza,
ché dir nol posson con parola integra". 126

Così girammo de la lorda pozza
grand'arco, tra la ripa secca e 'l mézzo,
con li occhi vòlti a chi del fango ingozza. 129

Venimmo al piè d'una torre al da sezzo.

PLUTO

Viene identificato con Plutone dio degli Inferi come già fece Virgilio nell'Eneide

Interpretazione alternativa : si tratterebbe di Pluto dio delle ricchezze

Presidia il Girone degli avari e prodighi

Pronuncia la frase di apertura del canto
Pape Satan, pape Satan aleppe

Invocazione a Satana ma di significato mai chiarito

Come altri demoni viene tacitato da Virgilio che gli ricorda la vittoria dell'Arcangelo Michele su Lucifero

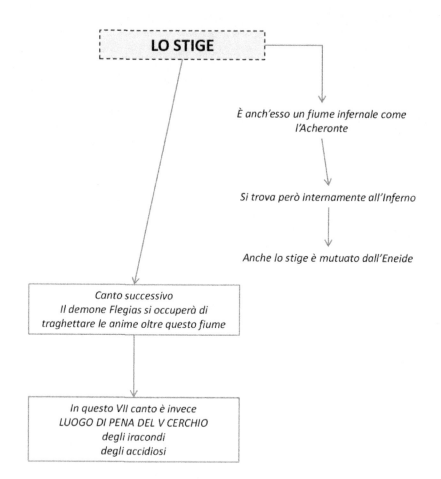

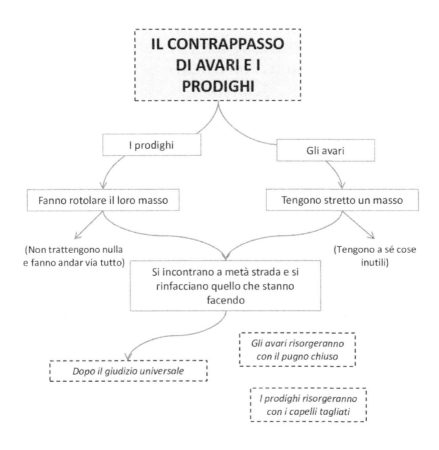

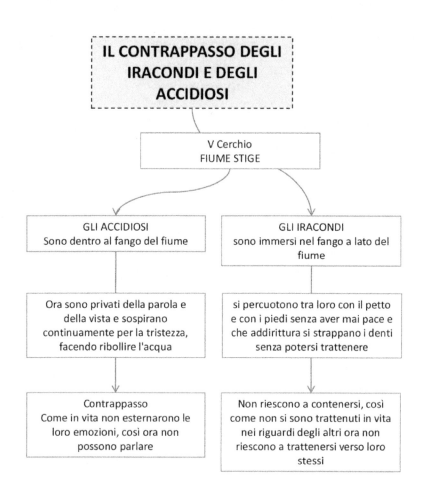

LA FORTUNA

LA CONCEZONE DELLA FORTUNA DI DANTE E' DIVERSA SIA DAI CLASSICI CHE DAI MODERNI

LA SPIEGAZIONE DI VIRGILIO

È una intelligenza angelica che governa i beni terreni su disposizione di Dio

Decide secondo il disegno divino
Le fortune e le ricchezze dei popoli e delle persone

In quanto divino il suo agire è oscuro agli esseri umani

Gli avari e i prodighi, trattando i beni con troppa o troppa poca cura si mettono di fatto contro la volontà divina che invece va accettata

```
┌─────────────────────┐
│    I PERSONAGGI     │
└─────────────────────┘
         │
         │    ┌─────────────────────────────┐
         │    │   NON SONO PRESENTATI       │
         ├───▶│        DANNATI              │
         │    └─────────────────────────────┘
         │                 │
         │                 ▼
         │    ┌─────────────────────────────────────────┐
         │    │  In questo canto non sono presentati    │
         │    │              personaggi                 │
         │    │                                         │
         │    │  Le anime dannate sono rese irriconoscibili │
         │    │           per la loro pena              │
         │    └─────────────────────────────────────────┘
         │                 │
         │                 ▼
         │         Tra gli avari si nomina genericamente la
         │                categoria dei chierici
         ▼
┌─────────────────────────────┐
│    Figure ultraterrene      │
└─────────────────────────────┘
```

Pluto
La Fortuna

SCHEMATICAMENTE

L'OTTAVO CANTO DELLA DIVINA COMMEDIA

CI TROVIAMO NEL QUINTO E SESTO CERCHIO DELL'INFERNO: IL VIAGGIO LUNGO LO STIGE

Il canto si apre ai piedi di una delle due torri dalle quali Dante vede partire dei fasci di luce. Come poco dopo spiega Virgilio e come già si può intravedere tra la nebbia, si tratta del segnale dell'arrivo del traghettatore Flegiàs.
Flegiàs scambia Dante per un dannato e gli si rivolge con arroganza, ma viene subito ripreso da Virgilio, che chiede di farli salire sull'imbarcazione.

IL FIUME STIGE
Con l'arrivo del traghettatore Flegiàs inizia il viaggio lungo lo Stige, una palude fangosa che circonda la LA CITTÀ DI DITE, all'interno della quale giacciono i dannati. Fin dalla tradizione greca e latina il fiume Stige rappresenta uno dei più temuti fiumi infernali, capaci di avvelenare e al contempo dare l'immortalità. Dante si accorge del peso del suo corpo solo una volta salito sopra l'imbarcazione, che - a differenza di quanto avvenuto dopo la salita di Virgilio - si appesantisce con il suo corpo.

LA FIGURA DI FILIPPO ARGENTI
Durante il viaggio si avvicina un uomo ricoperto di fango che domanda a Dante il motivo della sua presenza (in vita) negli inferi. Dante spiega di essere solo di passaggio ma riconosce subito la sporca figura. Si tratta di Filippo Argenti, guelfo nero, avversario politico di Dante, uomo dotato di straordinaria forza che non è mai riuscito a controllare la sua ira.
Il poeta si rivolge a lui con durissime parole senza provare alcuna compassione e il dannato reagisce subito aggrappandosi all'imbarcazione nell'intento di ferirlo. A proteggere Dante c'è però Virgilio che, dopo aver mandato via il dannato, consola il poeta con abbracci. Virgilio spiega che è giusto non provare pietà per una persona che in vita ha utilizzato solo prepotenza. Le persone come lui giacciono ora nel fango come fanno i maiali. Dante esprime il desiderio di vedere il corpo del suo nemico dilaniato dagli altri dannati e viene presto accontentato. I due poeti si allontanano mentre il corpo di Filippo Argenti, già martoriato dai morsi autoinflitti, viene divorato dagli altri dannati.

LA CITTÀ DI DITE

Una volta allontanati dal corpo di Filippo Argenti si iniziano ad intravedere le mura della città di Dite con le sue torri infuocate, all'interno delle quali ci sono dei dannati. La città è chiusa dalle mura ed è inespugnabile. Si tratta della porta per l'inferno più profondo. I due poeti vengono fatti accostare e vengono subito accerchiati dai diavoli che, incuriositi, chiedono chi sia quella persona ancora in vita che si trova negli inferi e si rifiutano di farlo entrare. Viene fatto entrare solo Virgilio, mentre Dante rimane all'esterno in preda alla preoccupazione. Prima di andarsene però Virgilio tranquillizza ancora una volta il dubbioso poeta: il loro viaggio è voluto da Dio, quindi non avrà fine fino a quando Dio non lo deciderà.

Virgilio ritorna però indietro dopo poco tempo. I diavoli non gli hanno permesso l'entrata e hanno chiuso le porte, lasciando fuori i due poeti, come già successe con Cristo.

CANTO OTTAVO

FELGIAS E IL PASSAGGIO LUNGO LO STIGE

Io dico, seguitando, ch'assai prima
che noi fossimo al piè de l'alta torre,
li occhi nostri n'andar suso a la cima   3

per due fiammette che i vedemmo porre,
e un'altra da lungi render cenno,
tanto ch'a pena il potea l'occhio tòrre.   6

E io mi volsi al mar di tutto 'l senno;
dissi: "Questo che dice? e che risponde
quell'altro foco? e chi son quei che 'l fenno?". 9

Ed elli a me: "Su per le sucide onde
già scorgere puoi quello che s'aspetta,
se 'l fummo del pantan nol ti nasconde".   12

Corda non pinse mai da sé saetta
che sì corresse via per l'aere snella,
com'io vidi una nave piccoletta   15

venir per l'acqua verso noi in quella,
sotto 'l governo d'un sol galeoto,
che gridava: "Or se' giunta, anima fella!".   18

"Flegïàs, Flegïàs, tu gridi a vòto",
disse lo mio segnore, "a questa volta:
più non ci avrai che sol passando il loto".   21

Qual è colui che grande inganno ascolta
che li sia fatto, e poi se ne rammarca,
fecesi Flegïàs ne l'ira accolta.   24

Lo duca mio discese ne la barca,
e poi mi fece intrare appresso lui;
e sol quand'io fui dentro parve carca.   27

Tosto che 'l duca e io nel legno fui,

segando se ne va l'antica prora
de l'acqua più che non suol con altrui.   30

Mentre noi corravam la morta gora,
dinanzi mi si fece un pien di fango,
e disse: "Chi se' tu che vieni anzi ora?".   33
<small>PARLA FILIPPO ARGENTI</small>
E io a lui: "S'i' vegno, non rimango;
ma tu chi se', che sì se' fatto brutto?".
Rispuose: "Vedi che son un che piango".   36

E io a lui: "Con piangere e con lutto,
spirito maladetto, ti rimani;
ch'i' ti conosco, ancor sie lordo tutto".   39

Allor distese al legno ambo le mani;
per che 'l maestro accorto lo sospinse,
dicendo: "Via costà con li altri cani!".   42

Lo collo poi con le braccia mi cinse;
basciommi 'l volto e disse: "Alma sdegnosa,
benedetta colei che 'n te s'incinse!   45

Quei fu al mondo persona orgogliosa;
bontà non è che sua memoria fregi:
così s'è l'ombra sua qui furïosa.   48

Quanti si tegnon or là sù gran regi
che qui staranno come porci in brago,
di sé lasciando orribili dispregi!".   51

E io: "Maestro, molto sarei vago
di vederlo attuffare in questa broda
prima che noi uscissimo del lago".   54

Ed elli a me: "Avante che la proda
ti si lasci veder, tu sarai sazio:
di tal disïo convien che tu goda".   57

Dopo ciò poco vid'io quello strazio

far di costui a le fangose genti,
che Dio ancor ne lodo e ne ringrazio.   60

Tutti gridavano: "A Filippo Argenti!";
e 'l fiorentino spirito bizzarro
in sé medesmo si volvea co' denti.   63

Quivi il lasciammo, che più non ne narro;
ma ne l'orecchie mi percosse un duolo,
per ch'io avante l'occhio intento sbarro.   66
                                            LA CITTA' DI DITEf

Lo buon maestro disse: "Omai, figliuolo,
s'appressa la città c' ha nome Dite,
coi gravi cittadin, col grande stuolo".   69

E io: "Maestro, già le sue meschite
là entro certe ne la valle cerno,
vermiglie come se di foco uscite   72

fossero". Ed ei mi disse: "Il foco etterno
ch'entro l'affoca le dimostra rosse,
come tu vedi in questo basso inferno".   75

Noi pur giugnemmo dentro a l'alte fosse
che vallan quella terra sconsolata:
le mura mi parean che ferro fosse.   78

Non sanza prima far grande aggirata,
venimmo in parte dove il nocchier forte
"Usciteci", gridò: "qui è l'intrata".   81
                                    I DIAVOLI NON FANNO ENTRARE DANTE
Io vidi più di mille in su le porte
da ciel piovuti, che stizzosamente
dicean: "Chi è costui che sanza morte   84

va per lo regno de la morta gente?".
E 'l savio mio maestro fece segno
di voler lor parlar segretamente.   87

Allor chiusero un poco il gran disdegno

e disser: "Vien tu solo, e quei sen vada
che sì ardito intrò per questo regno.   90

Sol si ritorni per la folle strada:
pruovi, se sa; ché tu qui rimarrai,
che li ha' iscorta sì buia contrada".   93

Pensa, lettor, se io mi sconfortai
nel suon de le parole maladette,
ché non credetti ritornarci mai.   96

"O caro duca mio, che più di sette
volte m' hai sicurtà renduta e tratto
d'alto periglio che 'ncontra mi stette,   99

non mi lasciar", diss'io, "così disfatto;
e se 'l passar più oltre ci è negato,
ritroviam l'orme nostre insieme ratto".   102

E quel segnor che lì m'avea menato,
mi disse: "Non temer; ché 'l nostro passo
non ci può tòrre alcun: da tal n'è dato.   105

Ma qui m'attendi, e lo spirito lasso
conforta e ciba di speranza buona,
ch'i' non ti lascerò nel mondo basso".   108

Così sen va, e quivi m'abbandona
lo dolce padre, e io rimagno in forse,
che sì e no nel capo mi tenciona.   111

Udir non potti quello ch'a lor porse;
ma ei non stette là con essi guari,
che ciascun dentro a pruova si ricorse.   114

Chiuser le porte que' nostri avversari
nel petto al mio segnor, che fuor rimase
e rivolsesi a me con passi rari.   117

Li occhi a la terra e le ciglia avea rase

d'ogne baldanza, e dicea ne' sospiri:
"Chi m' ha negate le dolenti case!". 120

E a me disse: "Tu, perch'io m'adiri,
non sbigottir, ch'io vincerò la prova,
qual ch'a la difension dentro s'aggiri. 123

Questa lor tracotanza non è nova;
ché già l'usaro a men segreta porta,
la qual sanza serrame ancor si trova. 126

Sovr'essa vedestù la scritta morta:
e già di qua da lei discende l'erta,
passando per li cerchi sanza scorta, 129

tal che per lui ne fia la terra aperta".

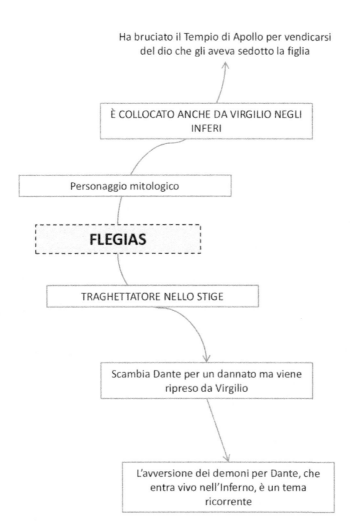

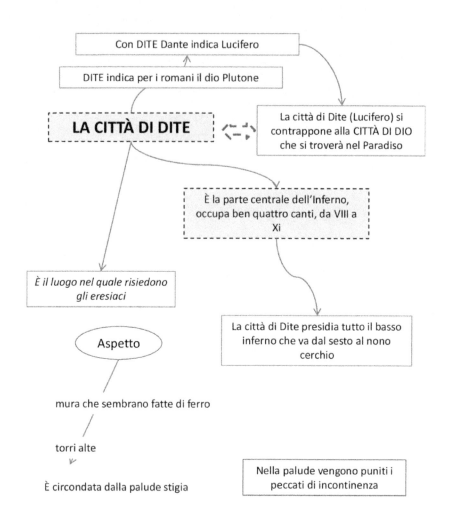

Gli avari e i prodighi, trattando i beni con troppa o troppa poca cura si mettono di fatto contro la volontà divina che invece va accettata

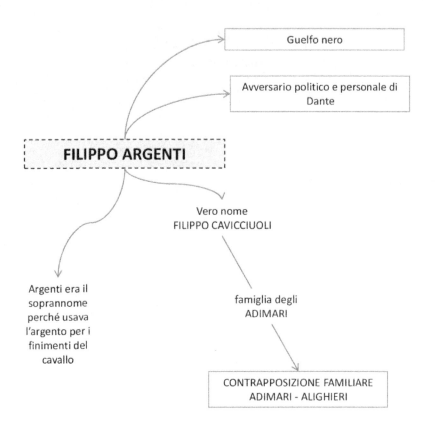

SCHEMATICAMENTE

IL NONO CANTO DELLA DIVINA COMMEDIA

IL SESTO CERCHIO DELL'INFERNO. LE MURA DELLA CITTÀ DI DITE E LA PENA DEGLI ERETICI.

Davanti alle porte chiuse della città presidiate dai diavoli, Dante si lascia prendere dalla preoccupazione di non poter proseguire il viaggio: la CITTÀ DI DITE è circondata dalla palude e dai dannati, per cui non esiste altra scelta, dovranno lasciarli entrare.

Virgilio pronuncia qualche parola dubbiosa ma si blocca per non intimorire il suo compagno di viaggio, spiega poi di essere in attesa dell'arrivo di qualcuno. Dante domanda se avesse mai raggiunto la parte più profonda dell'Inferno, quella più lontana dal cielo. Virgilio racconta di aver già intrapreso il viaggio poco tempo dopo la sua morte, quando venne convocato dalla maga Eritone fino al nono cerchio per riportare in vita un'anima, quindi tranquillizza il poeta specificando che conosce bene il cammino.

LE ERINNI

L'attenzione di Dante viene catturata dall'apparizione, sulla cima di una delle torri roventi, di tre mostruose creature. Si tratta delle ERINNI, dette anche *Le Furie*, creature appartenenti alla mitologia classica e simbolo della vendetta. Vengono descritte dal poeta come creature insanguinate con il volto femminile e con i capelli formati da serpenti. Le tre ERINNI vengono riconosciute da Virgilio nella figura di Megera (a sinistra), Aletto (a destra) e Tesifón (al centro). Le tre Furie si feriscono il petto con le loro stesse mani e tra le urla invocano Medusa, una delle tre Gorgoni che ha il potere di trasformare in roccia chiunque la guardi. Per timore della sua apparizione Dante si copre gli occhi e viene aiutato da Virgilio affinché ci sia la certezza di non incontrarne lo sguardo.

IL MESSO DIVINO

Dante a questo punto si rivolge al lettore, invitandolo a cogliere l'allegoria dei suoi strani versi, come a voler premettere che dietro il significato letterale si nasconde una dottrina, il cui significato è tutt'ora è oggetto di dibattito tra gli studiosi. I due poeti sentono un frastuono terrificante simile al rumore di un vento impetuoso provenire dalle acque dello Stige. Virgilio dopo aver scoperto gli occhi a Dante lo invita a guardare un punto in mezzo alla palude tra la nebbia, dal quale tutte le anime si allontanano freneticamente come le rane all'arrivo della biscia. Appare una figura inviata dal cielo, IL MESSO DIVINO, capace di camminare sulla palude mortale senza mai bagnarsi. Virgilio chiede a Dante di inchinarsi davanti a lui, che sembra essere pieno di sdegno per il fatto di trovarsi in quel luogo. Giunto davanti alla porta di Dite, il messo divino apre la porta con un bastoncino e si rivolge con dure parole ai diavoli, i quali continuano ad opporsi al volere divino senza mai avere la meglio, come nel caso di Cerbero che - per lo stesso motivo - ha ancora il mento e il gozzo spellato. Il messo se ne va dopo aver aperto la porta senza proferire parola.

GLI ERETICI

All'interno delle mura della città di Dite vengono condannati gli eretici. I due poeti, dopo aver varcato la porta della città, scorgono un cimitero simile a quello di Arles e di Pola (oggi scomparso) pieno di tombe infuocate e con i coperchi sollevati. Dalle tombe provengono i lamenti dei numerosissimi dannati, gli eretici e i loro seguaci. Virgilio spiega che le anime sono destinate a bruciare in maniera più o meno intensa a seconda dell'eresia seguita in vita.

CANTO NOVO

NUOVE PAURE DI DANTE

Quel color che viltà di fuor mi pinse
veggendo il duca mio tornare in volta,
più tosto dentro il suo novo ristrinse.   3

Attento si fermò com'uom ch'ascolta;
ché l'occhio nol potea menare a lunga
per l'aere nero e per la nebbia folta.   6

"Pur a noi converrà vincer la punga",
cominciò el, "se non ... Tal ne s'offerse.
Oh quanto tarda a me ch'altri qui giunga!".   9

I' vidi ben sì com'ei ricoperse
lo cominciar con l'altro che poi venne,
che fur parole a le prime diverse;   12

ma nondimen paura il suo dir dienne,
perch'io traeva la parola tronca
forse a peggior sentenzia che non tenne.   15

"In questo fondo de la trista conca
discende mai alcun del primo grado,
che sol per pena ha la speranza cionca?".   18

Questa question fec'io; e quei "Di rado
incontra", mi rispuose, "che di noi
faccia il cammino alcun per qual io vado.   21

Ver è ch'altra fiata qua giù fui,
congiurato da quella Eritón cruda
che richiamava l'ombre a' corpi sui.   24

Di poco era di me la carne nuda,
ch'ella mi fece intrar dentr'a quel muro,
per trarne un spirto del cerchio di Giuda.   27

Quell'è 'l più basso loco e 'l più oscuro,

e 'l più lontan dal ciel che tutto gira:
ben so 'l cammin; però ti fa sicuro.   30

Questa palude che 'l gran puzzo spira
cigne dintorno la città dolente,
u' non potemo intrare omai sanz'ira".   33

E altro disse, ma non l' ho a mente;
però che l'occhio m'avea tutto tratto
ver' l'alta torre a la cima rovente,   36

LE TRE FURIE

dove in un punto furon dritte ratto
tre furïe infernal di sangue tinte,
che membra feminine avieno e atto,   39

e con idre verdissime eran cinte;
serpentelli e ceraste avien per crine,
onde le fiere tempie erano avvinte.   42

E quei, che ben conobbe le meschine
de la regina de l'etterno pianto,
"Guarda", mi disse, "le feroci Erine.   45

Quest'è Megera dal sinistro canto;
quella che piange dal destro è Aletto;
Tesifón è nel mezzo"; e tacque a tanto.   48

Con l'unghie si fendea ciascuna il petto;
battiensi a palme e gridavan sì alto,
ch'i' mi strinsi al poeta per sospetto.   51

"Vegna Medusa: sì 'l farem di smalto",
dicevan tutte riguardando in giuso;
"mal non vengiammo in Tesëo l'assalto".   54

"Volgiti 'n dietro e tien lo viso chiuso;
ché se 'l Gorgón si mostra e tu 'l vedessi,
nulla sarebbe di tornar mai suso".   57

Così disse 'l maestro; ed elli stessi

mi volse, e non si tenne a le mie mani,
che con le sue ancor non mi chiudessi. 60

O voi ch'avete li 'ntelletti sani,
mirate la dottrina che s'asconde
sotto 'l velame de li versi strani. 63

E già venìa su per le torbide onde
un fracasso d'un suon, pien di spavento,
per cui tremavano amendue le sponde, 66

ARRIVA IL MESSSO DEL CIELO

non altrimenti fatto che d'un vento
impetüoso per li avversi ardori,
che fier la selva e sanz'alcun rattento 69

li rami schianta, abbatte e porta fori;
dinanzi polveroso va superbo,
e fa fuggir le fiere e li pastori. 72

Li occhi mi sciolse e disse: "Or drizza il nerbo
del viso su per quella schiuma antica
per indi ove quel fummo è più acerbo". 75

Come le rane innanzi a la nimica
biscia per l'acqua si dileguan tutte,
fin ch'a la terra ciascuna s'abbica, 78

vid'io più di mille anime distrutte
fuggir così dinanzi ad un ch'al passo
passava Stige con le piante asciutte. 81

Dal volto rimovea quell'aere grasso,
menando la sinistra innanzi spesso;
e sol di quell'angoscia parea lasso. 84

Ben m'accorsi ch'elli era da ciel messo,
e volsimi al maestro; e quei fé segno
ch'i' stessi queto ed inchinassi ad esso. 87

Ahi quanto mi parea pien di disdegno!

Venne a la porta e con una verghetta
l'aperse, che non v'ebbe alcun ritegno. 90

"O cacciati del ciel, gente dispetta",
cominciò elli in su l'orribil soglia,
"ond'esta oltracotanza in voi s'alletta? 93

Perché recalcitrate a quella voglia
a cui non puote il fin mai esser mozzo,
e che più volte v' ha cresciuta doglia? 96

Che giova ne le fata dar di cozzo?
Cerbero vostro, se ben vi ricorda,
ne porta ancor pelato il mento e 'l gozzo". 99

Poi si rivolse per la strada lorda,
e non fé motto a noi, ma fé sembiante
d'omo cui altra cura stringa e morda 102

che quella di colui che li è davante;
e noi movemmo i piedi inver' la terra,
sicuri appresso le parole sante. 105

DANTE E VIRGILIO ENTRANO FINALMENTE DENTRO DITE

Dentro li 'ntrammo sanz'alcuna guerra;
e io, ch'avea di riguardar disio
la condizion che tal fortezza serra, 108

com'io fui dentro, l'occhio intorno invio:
e veggio ad ogne man grande campagna,
piena di duolo e di tormento rio. 111

Sì come ad Arli, ove Rodano stagna,
sì com'a Pola, presso del Carnaro
ch'Italia chiude e suoi termini bagna, 114

fanno i sepulcri tutt'il loco varo,
così facevan quivi d'ogne parte,
salvo che 'l modo v'era più amaro; 117

ché tra li avelli fiamme erano sparte,

per le quali eran sì del tutto accesi,
che ferro più non chiede verun'arte. 120

Tutti li lor coperchi eran sospesi,
e fuor n'uscivan sì duri lamenti,
che ben parean di miseri e d'offesi. 123

E io: "Maestro, quai son quelle genti
che, seppellite dentro da quell'arche,
si fan sentir coi sospiri dolenti?". 126

E quelli a me: "Qui son li eresïarche
con lor seguaci, d'ogne setta, e molto
più che non credi son le tombe carche. 129

Simile qui con simile è sepolto,
e i monimenti son più e men caldi".
E poi ch'a la man destra si fu vòlto, 132

passammo tra i martìri e li alti spaldi.

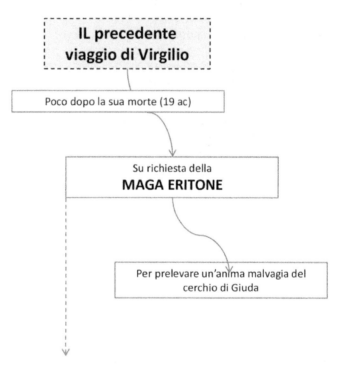

Per rassicurare Dante, Virgilio gli svela di aver già fatto un viaggio nella parte bassa dell'inferno

IL precedente viaggio di Virgilio

Poco dopo la sua morte (19 ac)

Su richiesta della **MAGA ERITONE**

Per prelevare un'anima malvagia del cerchio di Giuda

Secondo la leggenda romana, Eritone aveva fatto tornare dall'oltretomba un morto per predire a Sesto Pompeo l'esito della battaglia di Farsalo (che è però precedente alla morte di Virgilio)

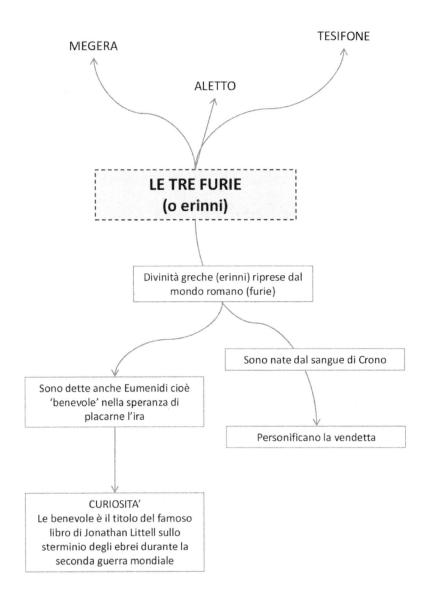

```
                    ┌─────────────────────────────────┐
                    │ A differenza di quanto successo │
                    │ fino a quel momento, non basta  │
                    │ più l'autorevolezza di Virgilio │
                    │ per proseguire i viaggio        │
                    └─────────────────────────────────┘
                                    ▲
                                    │
    ┌─────────────────────────────────────┐
    │ Inviato per far entrare Dante e     │
    │ Virgilio nella città di Dite        │
    └─────────────────────────────────────┘

            ┌- - - - - - - - - - - - - - -┐
            :      IL MESSO CELESTE       :
            └- - - - - - - - - - - - - - -┘

    ┌─────────────────────────────────────┐
    │    È descritto in modo generico     │
    └─────────────────────────────────────┘
                        │
                        ▼
    ┌─────────────────────────────────────────┐
    │ Viene associato ad una figura angelica  │
    │ ma non è possibile definirlo nel        │
    │ dettaglio                               │
    └─────────────────────────────────────────┘
```

```
┌─────────────────────────────┐
│ Dante colloca gli eretici    │
│ dentro tombe dove vengono    │
│ continuamente arsi dalle fiamme │
└─────────────────────────────┘
              │
              ▼
┌─────────────────────────────────┐
│   IL CONTRAPPASSO DEGLI         │
│          ERETICI                │
└─────────────────────────────────┘
              │
              ▼
     ┌──────────────────────────────┐
     │ In vita proclamarono che l'anima │
     │        non è eterna              │
     └──────────────────────────────┘
                    │
                    ▼
            ┌──────────────────────────────────┐
            │ Per l'eternità le loro anime sono │
            └──────────────────────────────────┘
```

SCHEMATICAMENTE

IL DECIMO CANTO DELLA DIVINA COMMEDIA

SESTO CERCHIO DELL'INFERNO: GLI EPICUREI E FARINATA DEGLI UBERTI

Dante osserva incantato le tombe e chiede ancora una volta a Virgilio di raccontargli ciò che avviene ai dannati, ma soprattutto di poterne osservare uno da vicino. Virgilio spiega che i coperchi delle tombe verranno chiusi solo dopo il Giudizio Universale e che all'interno sono ospitati gli epicurei. Considerati colpevoli di non aver creduto all'immortalità dell'anima, ora saranno dannati fino alla volontà di Dio.

FARINATA DEGLI UBERTI

La tomba che desta la curiosità di Dante è quella di Farinata degli Uberti, che subito si avvicina al poeta attirato dall'accento fiorentino a lui familiare.

Farinata degli Uberti morì l'anno prima della nascita di Dante e fu un capo ghibellino di spicco nella Firenze del XIII secolo. Sconfisse i guelfi due volte: nel 1248 grazie all'appoggio di Federico II di Svevia, battaglia che ne provocò poi l'esilio, e infine nel 1260 con la battaglia di Montaperti. Il personaggio viene descritto con uno sguardo fiero e orgoglioso del suo operato in vita e sprezzante di ciò che lo circonda. Dante, dal canto suo, nonostante si tratti di un avversario politico lo tratta con rispetto ed ammirazione.

CAVALCANTE DE' CAVALCANTI

Durante il dialogo con Farinata Degli Uberti appare una nuova figura, che si erge in piedi dopo aver riconosciuto Dante, per chiedere notizie su suo figlio. Suo figlio è Guido Cavalcanti, amico di Dante e poeta stilnovista. Dante non risponde alla sua domanda, ma alla domanda sul motivo per cui il figlio non fosse con lui, risponde che egli ha intrapreso un viaggio guidato da Dio, che il figlio ha disprezzato. L'utilizzo dei verbi al passato fa sobbalzare Cavalcante de Cavalcanti, il quale intuisce che il figlio non è più in vita e cade come morto. Dante si preoccupa per lui e chiede a Farinata degli Uberti di comunicargli, al risveglio, che suo figlio è ancora in vita, per non aggiungere ulteriori pene.

FIRENZE XIII SECOLO

Il dialogo tra Farinata Degli Uberti e Dante riprende come se nulla fosse successo e si sposta verso gli avvenimenti di FIRENZE NEL XIII SECOLO, una città di di battaglie e divisioni interne. Come si è anticipato nel canto VI, a contendersi il potere c'erano i Guelfi (a loro volta divisi in Bianchi e Neri), sostenitori papali di cui faceva parte Dante e i Ghibellini, sostenitori imperiali come Farinata. Gli sforzi di papa Clemente IV per instaurare una convivenza pacifica furono vani e Firenze trascorse un periodo di incertezza e fragilità con numerose battaglie, che videro contrapposti i due personaggi. La famiglia di Dante fu cacciata da Firenze per mano dei Ghibellini ma riuscì a tornare, mentre quella di Farinata venne cacciata dopo la vittoria Guelfa. Questo è il tema del dialogo tra i due avversari: Farinata mostra di essere preoccupato per la sua famiglia e tiene a precisare che non ha mai aderito alla proposta di distruggere Firenze. Poi predice il futuro a Dante, essendone capace come le altre anime, informandolo sul fatto che anche lui avrà difficoltà a tornare nella propria città. La notizia sconvolge Dante, che viene ancora una volta rincuorato da Virgilio una volta appreso che solo al cospetto di Beatrice potrà conoscere la sua sorte.

CANTO DECIMO

SESSTO CERCHIO - ERESIACI

Ora sen va per un secreto calle,
tra 'l muro de la terra e li martìri,
lo mio maestro, e io dopo le spalle.   3

"O virtù somma, che per li empi giri
mi volvi", cominciai, "com'a te piace,
parlami, e sodisfammi a' miei disiri.   6

La gente che per li sepolcri giace
potrebbesi veder? già son levati
tutt'i coperchi, e nessun guardia face".   9

E quelli a me: "Tutti saran serrati
quando di Iosafàt qui torneranno
coi corpi che là sù hanno lasciati.   12

Suo cimitero da questa parte hanno
con Epicuro tutti suoi seguaci,
che l'anima col corpo morta fanno.   15

Però a la dimanda che mi faci
quinc'entro satisfatto sarà tosto,
e al disio ancor che tu mi taci".   18

E io: "Buon duca, non tegno riposto
a te mio cuor se non per dicer poco,
e tu m' hai non pur mo a ciò disposto".   21

DIALOGO CON FARINATA DEGLI UBERTI

"O Tosco che per la città del foco
vivo ten vai così parlando onesto,
piacciati di restare in questo loco.   24

La tua loquela ti fa manifesto
di quella nobil patrïa natio,
a la qual forse fui troppo molesto".   27

Subitamente questo suono uscìo
d'una de l'arche; però m'accostai,
temendo, un poco più al duca mio.   30

Ed el mi disse: "Volgiti! Che fai?
Vedi là Farinata che s'è dritto:
da la cintola in sù tutto 'l vedrai".   33

Io avea già il mio viso nel suo fitto;
ed el s'ergea col petto e con la fronte
com'avesse l'inferno a gran dispitto.   36

E l'animose man del duca e pronte
mi pinser tra le sepulture a lui,
dicendo: "Le parole tue sien conte".   39

Com'io al piè de la sua tomba fui,
guardommi un poco, e poi, quasi sdegnoso,
mi dimandò: "Chi fuor li maggior tui?".   42

Io ch'era d'ubidir disideroso,
non gliel celai, ma tutto gliel'apersi;
ond'ei levò le ciglia un poco in suso;   45

poi disse: "Fieramente furo avversi
a me e a miei primi e a mia parte,
sì che per due fïate li dispersi".   48

"S'ei fur cacciati, ei tornar d'ogne parte",
rispuos'io lui, "l'una e l'altra fïata;
ma i vostri non appreser ben quell'arte".   51

DIALOGO CON CAVANCANTE DEI CAVALCANTI

Allor surse a la vista scoperchiata
un'ombra, lungo questa, infino al mento:
credo che s'era in ginocchie levata.   54

Dintorno mi guardò, come talento
avesse di veder s'altri era meco;
e poi che 'l sospecciar fu tutto spento,   57

piangendo disse: "Se per questo cieco
carcere vai per altezza d'ingegno,
mio figlio ov'è? e perché non è teco?".   60

E io a lui: "Da me stesso non vegno:
colui ch'attende là, per qui mi mena
forse cui Guido vostro ebbe a disdegno". 63

Le sue parole e 'l modo de la pena
m'avean di costui già letto il nome;
però fu la risposta così piena. 66

Di sùbito drizzato gridò: "Come?
dicesti "elli ebbe"? non viv'elli ancora?
non fiere li occhi suoi lo dolce lume?". 69

Quando s'accorse d'alcuna dimora
ch'io facëa dinanzi a la risposta,
supin ricadde e più non parve fora. 72

FARINATA E LA BATTAGLIA DI MONTAPERTI

Ma quell'altro magnanimo, a cui posta
restato m'era, non mutò aspetto,
né mosse collo, né piegò sua costa; 75

e sé continüando al primo detto,
"S'elli han quell'arte", disse, "male appresa,
ciò mi tormenta più che questo letto. 78

Ma non cinquanta volte fia raccesa
la faccia de la donna che qui regge,
che tu saprai quanto quell'arte pesa. 81

E se tu mai nel dolce mondo regge,
dimmi: perché quel popolo è sì empio
incontr'a' miei in ciascuna sua legge?". 84

Ond'io a lui: "Lo strazio e 'l grande scempio
che fece l'Arbia colorata in rosso,
tal orazion fa far nel nostro tempio". 87

Poi ch'ebbe sospirando il capo mosso,
"A ciò non fu' io sol", disse, "né certo
sanza cagion con li altri sarei mosso. 90

Ma fu' io solo, là dove sofferto
fu per ciascun di tòrre via Fiorenza,
colui che la difesi a viso aperto". 93

FARINATA SPIEGA LA PREVEGGENZA

"Deh, se riposi mai vostra semenza",
prega' io lui, "solvetemi quel nodo
che qui ha 'nviluppata mia sentenza. 96

El par che voi veggiate, se ben odo,
dinanzi quel che 'l tempo seco adduce,
e nel presente tenete altro modo". 99

"Noi veggiam, come quei c' ha mala luce,
le cose", disse, "che ne son lontano;
cotanto ancor ne splende il sommo duce. 102

Quando s'appressano o son, tutto è vano
nostro intelletto; e s'altri non ci apporta,
nulla sapem di vostro stato umano. 105

Però comprender puoi che tutta morta
fia nostra conoscenza da quel punto
che del futuro fia chiusa la porta". 108

Allor, come di mia colpa compunto,
dissi: "Or direte dunque a quel caduto
che 'l suo nato è co' vivi ancor congiunto; 111

e s'i' fui, dianzi, a la risposta muto,
fate i saper che 'l fei perché pensava
già ne l'error che m'avete soluto". 114

E già 'l maestro mio mi richiamava;
per ch'i' pregai lo spirto più avaccio
che mi dicesse chi con lu' istava. 117

Dissemi: "Qui con più di mille giaccio:
qua dentro è 'l secondo Federico

e 'l Cardinale; e de li altri mi taccio". 120

Indi s'ascose; e io inver' l'antico
poeta volsi i passi, ripensando
a quel parlar che mi parea nemico. 123

Elli si mosse; e poi, così andando,
mi disse: "Perché se' tu sì smarrito?".
E io li sodisfeci al suo dimando. 126

"La mente tua conservi quel ch'udito
hai contra te", mi comandò quel saggio;
"e ora attendi qui", e drizzò 'l dito: 129

"quando sarai dinanzi al dolce raggio
di quella il cui bell'occhio tutto vede,
da lei saprai di tua vita il vïaggio". 132

Appresso mosse a man sinistra il piede:
lasciammo il muro e gimmo inver' lo mezzo
per un sentier ch'a una valle fiede, 135

che 'nfin là sù facea spiacer suo lezzo.

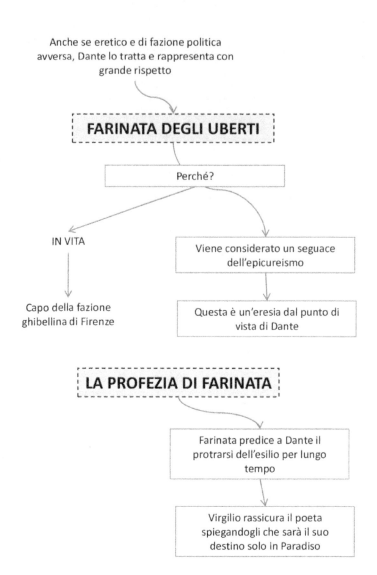

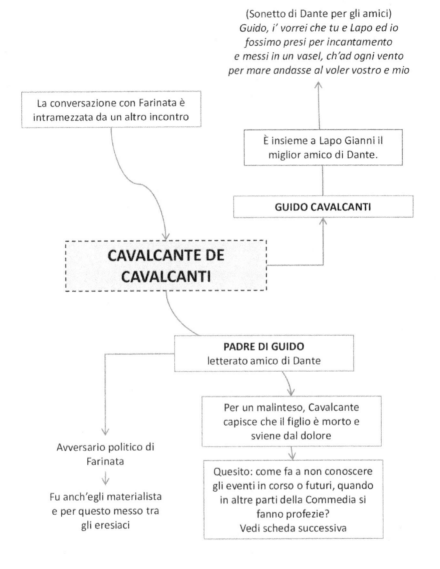

```
┌─────────────────────────────┐
│   NELL'OLTRETOMBA SI        │
│   CONOSCE IL FUTURO?        │
└─────────────────────────────┘
              │
              ▼
   ┌─────────────────────────────────┐
   │ Dante pone il quesito a Farinata │
   └─────────────────────────────────┘
                      │
                      ▼
        ┌──────────────────────────────────────────┐
        │ Perché farinata gli ha anticipato il suo │
        │ futuro MA Cavalcante sembra non          │
        │ sapere delle condizioni del figlio       │
        └──────────────────────────────────────────┘
                              │
                              ▼
             ┌──────────────────────────────────┐
             │    LA SPIEGAZIONE DI FARINATA    │
             └──────────────────────────────────┘
                                    │
                                    ▼
                        ┌──────────────────────────┐
                        │ Nell'aldilà il futuro è   │
                        │ noto ma più è vicino     │
                        │ più si fa confuso        │
                        └──────────────────────────┘
                                    │
              ┌─────────────────────┘
              ▼
   ┌─────────────────────────────┐
   │ La preveggenza è quindi     │
   │ imperfetta e con il Giudizio│
   │ Universale andrà a          │
   │ scomparire                  │
   └─────────────────────────────┘
```

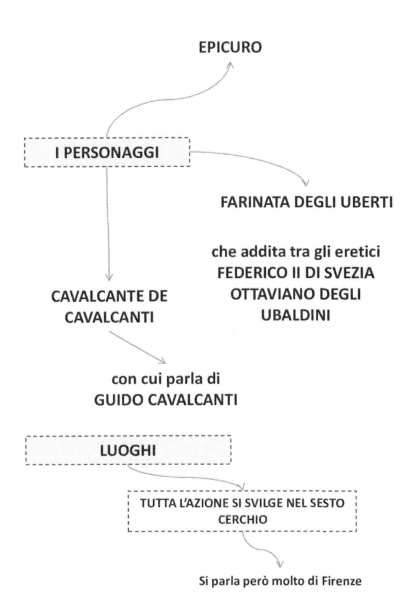

SCHEMATICAMENTE

L'UNDICESIMO CANTO DELLA DIVINA COMMEDIA

ALLE PENDICI DEL SETTIMO CERCHIO: LA STRUTTURA DELL'INFERNO

Immersi tra odori nauseabondi, i due viaggiatori si trovano sull'argine di un alto pendio dal quale scorgono la voragine infernale. Davanti alla tomba di Papa Anastasio e fermi per abituarsi al fetore, Dante chiede delucidazioni sulla struttura morale e fisica del basso inferno. Il canto XI viene concepito come una pausa per aiutare il lettore nella comprensione dell'opera.

IL BASSO INFERNO

Virgilio spiega a Dante il modo in cui sono stati concepiti gli ultimi tre cerchi dell'Inferno: il VII, VIII e IX, premettendo che i peccati più gravi sono quelli che infrangono la legge divina e che per riuscirci utilizzano la violenza o la fraudolenza. Il peccato più grave è la frode, punita più severamente perché è una caratteristica dell'uomo e ciò dispiace maggiormente a Dio. È considerata ancor più grave se commessa nei confronti di chi ha fiducia (traditori).
Infine la violenza è il peccato meno grave tra questi. I cerchi sono concentrici e si restringono progressivamente fino ad arrivare alla voragine di Lucifero, più è piccolo il cerchio, più è grave la pena inflitta.

STRUTTURA DEI PECCATORI NEL BASSO INFERNO

Al di là della città di Dite sono puniti i peccati più gravi. Gli eretici occupano una posizione privilegiata all'interno delle mura; la voragine infernale si apre con i tre gironi dei violenti, a loro volta divisi in:
1) Violenti contro il prossimo (omicidi)
2) Violenti contro se stessi (suicidi o scialacquatori)
3) Violenti contro Dio, natura, arte (bestemmiatori, sodomiti, usurai).

Terminati i gironi, dopo una ripida scoscesa, si aprono le dieci bolge in cui sono puniti coloro che hanno commesso frode nei confronti di chiunque, che si ritrova nelle persone dei: seduttori, adulatori, simoniaci, indovini, barattieri, ipocriti, ladri, consiglieri fraudolenti, seminatori di discordie e falsari.

Ad avere la peggio sono i traditori, colpevoli non solo di aver commesso azioni fraudolente ma di averle fatte nei confronti di chi si è fidato di loro. Sono i traditori dei parenti, della patria, degli ospiti e - in ultimo - dei benefattori.

L'ETICA DI ARISTOTELE

Dante sembra soddisfatto dalla spiegazione, ma ha ancora qualche dubbio. Virgilio spiega che la struttura si rifà all'Etica di Aristotele, secondo il quale le azioni commesse sono da giudicare in vista di un fine. Quelle che vengono fatte con un fine diverso da Dio sono l'incontinenza (eccesso), la malizia e la matta bestialità. Gli eccessi offendono meno gravemente Dio e sono quindi puniti con pene meno severe, per questo motivo i lussuriosi, gli avari, i golosi si trovano nella prima parte dell'Inferno. Gli altri rifiutano di comportarsi secondo natura (che è governata da Dio). Nel caso degli usurai, questi al posto di dedicarsi al lavoro, guadagnano arrecando danno al prossimo, per questo non agiscono secondo il volere di Dio.

CANTO UNDICESIMO

ERESIACI – PAPA ANASTASIO II

In su l'estremità d'un'alta ripa
che facevan gran pietre rotte in cerchio,
venimmo sopra più crudele stipa;   3

e quivi, per l'orribile soperchio
del puzzo che 'l profondo abisso gitta,
ci raccostammo, in dietro, ad un coperchio   6

d'un grand'avello, ov'io vidi una scritta
che dicea: 'Anastasio papa guardo,
lo qual trasse Fotin de la via dritta'.   9

"Lo nostro scender conviene esser tardo,
sì che s'ausi un poco in prima il senso
al tristo fiato; e poi no i fia riguardo".   12

COM'E' FATTO IL BASSO INFERNO

Così 'l maestro; e io "Alcun compenso",
dissi lui, "trova che 'l tempo non passi
perduto". Ed elli: "Vedi ch'a ciò penso".   15

"Figliuol mio, dentro da cotesti sassi",
cominciò poi a dir, "son tre cerchietti
di grado in grado, come que' che lassi.   18

Tutti son pien di spirti maladetti;
ma perché poi ti basti pur la vista,
intendi come e perché son costretti.   21

D'ogne malizia, ch'odio in cielo acquista,
ingiuria è 'l fine, ed ogne fin cotale
o con forza o con frode altrui contrista.   24

Ma perché frode è de l'uom proprio male,
più spiace a Dio; e però stan di sotto
li frodolenti, e più dolor li assale.   27

Di vïolenti il primo cerchio è tutto;
ma perché si fa forza a tre persone,
in tre gironi è distinto e costrutto.   30

A Dio, a sé, al prossimo si pòne
far forza, dico in loro e in lor cose,
come udirai con aperta ragione. 33

Morte per forza e ferute dogliose
nel prossimo si danno, e nel suo avere
ruine, incendi e tollette dannose; 36

onde omicide e ciascun che mal fiere,
guastatori e predon, tutti tormenta
lo giron primo per diverse schiere. 39

Puote omo avere in sé man vïolenta
e ne' suoi beni; e però nel secondo
giron convien che sanza pro si penta 42

qualunque priva sé del vostro mondo,
biscazza e fonde la sua facultade,
e piange là dov'esser de' giocondo. 45

Puossi far forza ne la deïtade,
col cor negando e bestemmiando quella,
e spregiando natura e sua bontade; 48

e però lo minor giron suggella
del segno suo e Soddoma e Caorsa
e chi, spregiando Dio col cor, favella. 51

La frode, ond'ogne coscïenza è morsa,
può l'omo usare in colui che 'n lui fida
e in quel che fidanza non imborsa. 54

Questo modo di retro par ch'incida
pur lo vinco d'amor che fa natura;
onde nel cerchio secondo s'annida 57

ipocresia, lusinghe e chi affattura,
falsità, ladroneccio e simonia,
ruffian, baratti e simile lordura. 60

Per l'altro modo quell'amor s'oblia
che fa natura, e quel ch'è poi aggiunto,
di che la fede spezïal si cria; 63

onde nel cerchio minore, ov'è 'l punto
de l'universo in su che Dite siede,
qualunque trade in etterno è consunto". 66

E io: "Maestro, assai chiara procede
la tua ragione, e assai ben distingue
questo baràtro e 'l popol ch'e' possiede. 69

Ma dimmi: quei de la palude pingue,
che mena il vento, e che batte la pioggia,
e che s'incontran con sì aspre lingue, 72

perché non dentro da la città roggia
sono ei puniti, se Dio li ha in ira?
e se non li ha, perché sono a tal foggia?". 75

Ed elli a me "Perché tanto delira",
disse, "lo 'ngegno tuo da quel che sòle?
o ver la mente dove altrove mira? 78

Non ti rimembra di quelle parole
con le quai la tua Etica pertratta
le tre disposizion che 'l ciel non vole, 81

incontenenza, malizia e la matta
bestialitade? e come incontenenza
men Dio offende e men biasimo accatta? 84

Se tu riguardi ben questa sentenza,
e rechiti a la mente chi son quelli
che sù di fuor sostegnon penitenza, 87

tu vedrai ben perché da questi felli
sien dipartiti, e perché men crucciata
la divina vendetta li martelli". 90

"O sol che sani ogne vista turbata,
tu mi contenti sì quando tu solvi,
che, non men che saver, dubbiar m'aggrata. 93

Ancora in dietro un poco ti rivolvi",
diss'io, "là dove di' ch'usura offende
la divina bontade, e 'l groppo solvi". 96

"Filosofia", mi disse, "a chi la 'ntende,
nota, non pure in una sola parte,
come natura lo suo corso prende 99

dal divino 'ntelletto e da sua arte;
e se tu ben la tua Fisica note,
tu troverai, non dopo molte carte, 102

che l'arte vostra quella, quanto pote,
segue, come 'l maestro fa 'l discente;
sì che vostr'arte a Dio quasi è nepote. 105

Da queste due, se tu ti rechi a mente
lo Genesì dal principio, convene
prender sua vita e avanzar la gente; 108

e perché l'usuriere altra via tene,
per sé natura e per la sua seguace
dispregia, poi ch'in altro pon la spene. 111

Ma seguimi oramai che 'l gir mi piace;
ché i Pesci guizzan su per l'orizzonta,
e 'l Carro tutto sovra 'l Coro giace, 114

e 'l balzo via là oltra si dismonta".

SPIEGAZIONE SULLA STRUTTURA DEL BASSO INFERNO

Ricordare che la struttura fisica e quella morale si intrecciano

I tre cerchi più bassi
VII VIII IX

I VIOLENTI

Verso gli altri e le altre cose
Verso se stessi
Verso Dio

SEGUONO LE 10 BOLGE INFERNALI
seduttori, adulatori, simoniaci, indovini, barattieri, ipocriti, ladri, consiglieri fraudolenti, seminatori di discordie e falsari

I PEGGIORI IN ASSOLUTO
SONO I TRADITORI (che fanno parte dei falsari

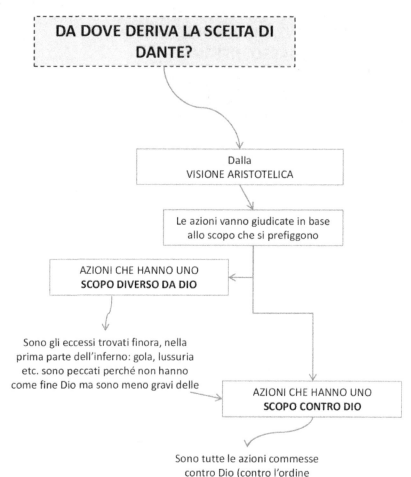

SCHEMATICAMENTE

IL DODICESIMO CANTO DELLA DIVINA COMMEDIA

IL PRIMO GIRONE DEL VII CERCHIO: I VIOLENTI CONTRO IL PROSSIMO

I due si dirigono verso l'Inferno più cupo, passando attraverso una discesa simile ad una frana dove incontrano il MINOTAURO che, appena vede i due poeti si agita. Si intravede già il fiume FLEGETONTE.

IL MINOTAURO

Figura mitologica greca metà uomo e metà toro, figlio dell'unione tra Pasifae e un toro, nato a causa di una punizione inflitta al marito Minosse. Cibandosi di carne umana ed essendo pericoloso, Dedalo costruì per il Minotauro il labirinto di Cnosso, un luogo dal quale non avrebbe più avuto via d'uscita. Venne sconfitto da Teseo, innamorato di Arianna, figlia di Pasifae.

Alla rabbia del MINOTAURO, Dante risponde infatti di non essere venuto da lui per ordine di Arianna e di non essere Teseo. La bestia si dimena nell'udire quelle parole e i due poeti riescono ad entrare.

IL FLEGETONTE

Come l'Acheronte nella parte iniziale dell'Inferno e lo Stige intorno alle mura della città di Dite, anche i gironi dell'Inferno sono bagnati da un fiume: il FLEGETONTE. Nel fiume bollente e insanguinato scontano la loro pena I VIOLENTI CONTRO IL PROSSIMO. Il fiume occupa l'intera piana e ha la forma di un arco. Si tratta dell'unico fiume senza un traghettatore.

NESSO E I CENTAURI

Si avvicinano verso i due poeti i CENTAURI, in cui è possibile riconoscere alcune figure di spicco come NESSO, Chirone e Folo. Come racconta Virgilio, questi rimangono sulle rive del fiume a scoccare frecce alle anime dei dannati. Dopo aver notato che Dante è in vita, visto sposta gli oggetti sui quali si appoggia, questi accettano la richiesta di Virgilio nell'aiutare Dante ad attraversare il Flegetonte, che sicuramente lo ucciderebbe se ne venisse a contatto. Chirone affida il compito a Nesso, figura mitologica che tentò di rapire Deianira e venne ucciso da Ercole, che a sua volta fece uccidere dalla moglie Deianira con l'inganno.

Nesso accetta volentieri e diventa, per un breve tratto, la loro guida.

I VIOLENTI CONTRO IL PROSSIMO

Gli assassini giacciono immersi nel sangue che in vita hanno fatto versare. Alcune anime sono immerse fino agli occhi: si tratta dei tiranni che sono stati violenti con persone e i beni, come nel caso di Dioniso il Vecchio, Ezzelino III da Romano, Obizzo II d'Este. Poco più avanti, immerso solo fino alla gola i viaggiatori trovano Guido di Montfort, che uccise per vendetta suo cugino in un luogo sacro e il delitto rimase impunito. L'acqua del fiume rimane più bassa nella parte centrale, nella quale stanno immersi coloro che hanno commesso delitti meno gravi, per poi risalire ai lati, dove si trovano i tiranni più spietati. Sebbene fossero immersi fino alla testa, tra questi Dante riconosce Attila, Pirro e Sesto Pompeo.

CANTO DODICESIMO

I VIOLENTI CONTRO IL PROSSIMO – IL MINOTAURO

Era lo loco ov'a scender la riva
venimmo, alpestro e, per quel che v'er'anco,
tal, ch'ogne vista ne sarebbe schiva.   3

Qual è quella ruina che nel fianco
di qua da Trento l'Adice percosse,
o per tremoto o per sostegno manco,   6

che da cima del monte, onde si mosse,
al piano è sì la roccia discoscesa,
ch'alcuna via darebbe a chi sù fosse: 9

cotal di quel burrato era la scesa;
e 'n su la punta de la rotta lacca
l'infamïa di Creti era distesa   12

che fu concetta ne la falsa vacca;
e quando vide noi, sé stesso morse,
sì come quei cui l'ira dentro fiacca.   15

Lo savio mio inver' lui gridò: "Forse
tu credi che qui sia 'l duca d'Atene,
che sù nel mondo la morte ti porse?   18

Pàrtiti, bestia, ché questi non vene
ammaestrato da la tua sorella,
ma vassi per veder le vostre pene".   21

Qual è quel toro che si slaccia in quella
c' ha ricevuto già 'l colpo mortale,
che gir non sa, ma qua e là saltella,   24

vid'io lo Minotauro far cotale;
e quello accorto gridò: "Corri al varco;
mentre ch'e' 'nfuria, è buon che tu ti cale".   27

Così prendemmo via giù per lo scarco
di quelle pietre, che spesso moviensi

sotto i miei piedi per lo novo carco. 30

Io gia pensando; e quei disse: "Tu pensi
forse a questa ruina, ch'è guardata
da quell'ira bestial ch'i' ora spensi. 33

Or vo' che sappi che l'altra fïata
ch'i' discesi qua giù nel basso inferno,
questa roccia non era ancor cascata. 36

Ma certo poco pria, se ben discerno,
che venisse colui che la gran preda
levò a Dite del cerchio superno, 39

da tutte parti l'alta valle feda
tremò sì, ch'i' pensai che l'universo
sentisse amor, per lo qual è chi creda 42

più volte il mondo in caòsso converso;
e in quel punto questa vecchia roccia,
qui e altrove, tal fece riverso. 45

Ma ficca li occhi a valle, ché s'approccia
la riviera del sangue in la qual bolle
qual che per vïolenza in altrui noccia". 48

IL FLEGETONTE

Oh cieca cupidigia e ira folle,
che sì ci sproni ne la vita corta,
e ne l'etterna poi sì mal c'immolle! 51

Io vidi un'ampia fossa in arco torta,
come quella che tutto 'l piano abbraccia,
secondo ch'avea detto la mia scorta; 54

e tra 'l piè de la ripa ed essa, in traccia
corrien centauri, armati di saette,
come solien nel mondo andare a caccia. 57

Veggendoci calar, ciascun ristette,
e de la schiera tre si dipartiro

con archi e asticciuole prima elette; 60

e l'un gridò da lungi: "A qual martiro
venite voi che scendete la costa?
Ditel costinci; se non, l'arco tiro". 63

Lo mio maestro disse: "La risposta
farem noi a Chirón costà di presso:
mal fu la voglia tua sempre sì tosta". 66

Poi mi tentò, e disse: "Quelli è Nesso,
che morì per la bella Deianira,
e fé di sé la vendetta elli stesso. 69

E quel di mezzo, ch'al petto si mira,
è il gran Chirón, il qual nodrì Achille;
quell'altro è Folo, che fu sì pien d'ira. 72

Dintorno al fosso vanno a mille a mille,
saettando qual anima si svelle
del sangue più che sua colpa sortille". 75

INCNTRO CON CHIRONE

Noi ci appressammo a quelle fiere isnelle:
Chirón prese uno strale, e con la cocca
fece la barba in dietro a le mascelle. 78

Quando s'ebbe scoperta la gran bocca,
disse a' compagni: "Siete voi accorti
che quel di retro move ciò ch'el tocca? 81

Così non soglion far li piè d'i morti".
E 'l mio buon duca, che già li er'al petto,
dove le due nature son consorti, 84

rispuose: "Ben è vivo, e sì soletto
mostrar li mi convien la valle buia;
necessità 'l ci 'nduce, e non diletto. 87

Tal si partì da cantare alleluia
che mi commise quest'officio novo:

non è ladron, né io anima fuia. 90

Ma per quella virtù per cu' io movo
li passi miei per sì selvaggia strada,
danne un de' tuoi, a cui noi siamo a provo, 93

e che ne mostri là dove si guada,
e che porti costui in su la groppa,
ché non è spirto che per l'aere vada". 96

NESSO SCORTA DANTE E VIRGILIO

Chirón si volse in su la destra poppa,
e disse a Nesso: "Torna, e sì li guida,
e fa cansar s'altra schiera v'intoppa". 99

Or ci movemmo con la scorta fida
lungo la proda del bollor vermiglio,
dove i bolliti faciano alte strida. 102

Io vidi gente sotto infino al ciglio;
e 'l gran centauro disse: "E' son tiranni
che dier nel sangue e ne l'aver di piglio. 105

Quivi si piangon li spietati danni;
quivi è Alessandro, e Dïonisio fero
che fé Cicilia aver dolorosi anni. 108

E quella fronte c' ha 'l pel così nero,
è Azzolino; e quell'altro ch'è biondo,
è Opizzo da Esti, il qual per vero 111

fu spento dal figliastro sù nel mondo".
Allor mi volsi al poeta, e quei disse:
"Questi ti sia or primo, e io secondo". 114

Poco più oltre il centauro s'affisse
sovr'una gente che 'nfino a la gola
parea che di quel bulicame uscisse. 117

Mostrocci un'ombra da l'un canto sola,
dicendo: "Colui fesse in grembo a Dio

lo cor che 'n su Tamisi ancor si cola".   120

Poi vidi gente che di fuor del rio
tenean la testa e ancor tutto 'l casso;
e di costoro assai riconobb'io.   123

Così a più a più si facea basso
quel sangue, sì che cocea pur li piedi;
e quindi fu del fosso il nostro passo.   126

"Sì come tu da questa parte vedi
lo bulicame che sempre si scema",
disse 'l centauro, "voglio che tu credi   129

che da quest'altra a più a più giù prema
lo fondo suo, infin ch'el si raggiunge
ove la tirannia convien che gema.   132

La divina giustizia di qua punge
quell'Attila che fu flagello in terra,
e Pirro e Sesto; e in etterno munge   135

le lagrime, che col bollor diserra,
a Rinier da Corneto, a Rinier Pazzo,
che fecero a le strade tanta guerra".   138

Poi si rivolse e ripassossi 'l guazzo.

I CENTAURI

Ripresi dal mito greco e romano v

Nel medioevo si trasformano in negativo

PER DANTE
Sono i custodi e puniscono i violenti

Chirone
È il capo del gruppo

Come per altri personaggi classici, Dante opera una demonizzazione (vedi anche Caronte)

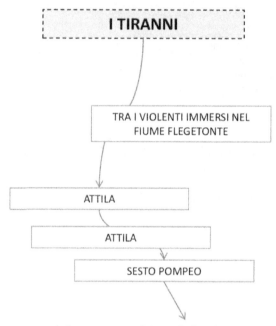

è il meno noto dei tre, figlio di Gneo Pompeo – il principale avversario di Cesare- viene decritto come tiranno violento da Lucano

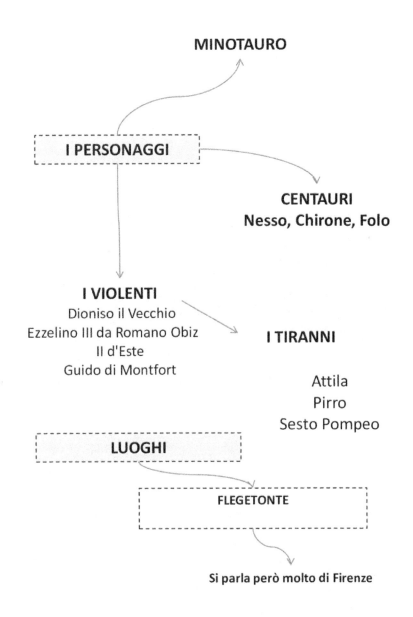

SCHEMATICAMENTE

IL TREDICESIMO CANTO DELLA DIVINA COMMEDIA

IL SECONDO GIRONE DEL VII CERCHIO. LE PENE DEI VIOLENTI CONTRO SE STESSI: I SUICIDI E GLI SCIALACQUATORI

Dante e Virgilio si incamminano in un fitto bosco, dal quale provengono dei lamenti. In posti come questo nidificano le terribili Arpie, creature femminili mostruose dal corpo di uccello che cacciarono i troiani predicendo sventure. Supponendo (con i famosi versi "Cred'io ch'ei credette ch'io credesse") che Dante non capisse da dove provenissero i versi, Virgilio premette che ciò che vedranno non sarebbe credibile se raccontato con le parole.

I SUICIDI

Dante, esortato da Virgilio a tagliare un pezzo di ramo, si accorge che in realtà i lamenti provengono dall'albero, che inizia a sanguinare. Intrappolati nella corteccia si trovano i suicidi, che nella vita hanno rifiutato il proprio corpo e ora non possono più disfarsene.
Il ramoscello tagliato da Dante inizia a parlare, lamentandosi per le ferite. Virgilio quindi si scusa e lo esorta a raccontare la sua storia.

PIER DELLA VIGNA

L'albero sanguinante è PIER DELLA VIGNA, collaboratore e consigliere alla corte di Federico II. Si tolse la vita per essere stato ingiustamente accusato di tradimento dopo aver suscitato l'invidia dei cortigiani, nella speranza di nobilitare la sua fama. Per questo chiede aiuto anche a Dante, dal momento in cui è l'unico che potrà tornare nel regno dei vivi.

COME L'ANIMA SI LEGA AI TRONCHI

PIER DELLA VIGNA spiega a Dante, sotto consiglio di Virgilio, l'origine della vita ultraterrena dei suicidi. Quando la loro anima si stacca dal corpo, MINOSSE la manda in un punto casuale al settimo cerchio. In quel punto germoglia e cresce un albero, che viene continuamente dilaniato dalle arpie. Nel momento del Giudizio

Universale, quando tutti prenderanno nuovamente possesso del proprio corpo, il loro - rifiutato in vita - verrà appeso sui rami.

GLI SCIALACQUATORI

Durante il dialogo con PIER DELLA VIGNA un gran frastuono attira l'attenzione dei due viaggiatori: due anime scappano freneticamente, strappando rami e cadendo. Vengono subito raggiunti da due cagne nere che ne dilaniano il corpo di uno dei due insieme al cespuglio nel quale era andato a nascondersi. Si tratta degli scialacquatori, che in vita fecero strazio dei loro beni e ora vengono aggrediti dalle cagne.

I due si avvicinano dunque al cespuglio, che dichiara di essere un fiorentino impiccatosi nella propria casa.

CANTO TREDICESIMO

I VIOLENTI CONTRO SE STESSI (SUICIDI)

Non era ancor di là Nesso arrivato,
quando noi ci mettemmo per un bosco
che da neun sentiero era segnato.   3

Non fronda verde, ma di color fosco;
non rami schietti, ma nodosi e 'nvolti;
non pomi v'eran, ma stecchi con tòsco.   6

Non han sì aspri sterpi né sì folti
quelle fiere selvagge che 'n odio hanno
tra Cecina e Corneto i luoghi cólti.   9

Quivi le brutte Arpie lor nidi fanno,
che cacciar de le Strofade i Troiani
con tristo annunzio di futuro danno.   12

Ali hanno late, e colli e visi umani,
piè con artigli, e pennuto 'l gran ventre;
fanno lamenti in su li alberi strani.   15

E 'l buon maestro "Prima che più entre,
sappi che se' nel secondo girone",
mi cominciò a dire, "e sarai mentre   18

che tu verrai ne l'orribil sabbione.
Però riguarda ben; sì vederai
cose che torrien fede al mio sermone".   21

DANTE INCONTRA PIER DELLE VIGNE

Io sentia d'ogne parte trarre guai
e non vedea persona che 'l facesse;
per ch'io tutto smarrito m'arrestai.   24

Cred'ïo ch'ei credette ch'io credesse
che tante voci uscisser, tra quei bronchi,
da gente che per noi si nascondesse.   27

Però disse 'l maestro: "Se tu tronchi
qualche fraschetta d'una d'este piante,

li pensier c' hai si faran tutti monchi". 30

Allor porsi la mano un poco avante
e colsi un ramicel da un gran pruno;
e 'l tronco suo gridò: "Perché mi schiante?". 33

Da che fatto fu poi di sangue bruno,
ricominciò a dir: "Perché mi scerpi?
non hai tu spirto di pietade alcuno? 36

Uomini fummo, e or siam fatti sterpi:
ben dovrebb'esser la tua man più pia,
se state fossimo anime di serpi". 39

Come d'un stizzo verde ch'arso sia
da l'un de' capi, che da l'altro geme
e cigola per vento che va via, 42

sì de la scheggia rotta usciva insieme
parole e sangue; ond'io lasciai la cima
cadere, e stetti come l'uom che teme. 45

"S'elli avesse potuto creder prima",
rispuose 'l savio mio, "anima lesa,
ciò c' ha veduto pur con la mia rima, 48

non averebbe in te la man distesa;
ma la cosa incredibile mi fece
indurlo ad ovra ch'a me stesso pesa. 51

Ma dilli chi tu fosti, sì che 'n vece
d'alcun'ammenda tua fama rinfreschi
nel mondo sù, dove tornar li lece". 54

E 'l tronco: "Sì col dolce dir m'adeschi,
ch'i' non posso tacere; e voi non gravi
perch'ïo un poco a ragionar m'inveschi. 57

Io son colui che tenni ambo le chiavi
del cor di Federigo, e che le volsi,
serrando e diserrando, sì soavi, 60

che dal secreto suo quasi ogn'uom tolsi;
fede portai al glorïoso offizio,
tanto ch'i' ne perde' li sonni e ' polsi. 63

La meretrice che mai da l'ospizio
di Cesare non torse li occhi putti,
morte comune e de le corti vizio, 66

infiammò contra me li animi tutti;
e li 'nfiammati infiammar sì Augusto,
che ' lieti onor tornaro in tristi lutti. 69

L'animo mio, per disdegnoso gusto,
credendo col morir fuggir disdegno,
ingiusto fece me contra me giusto. 72

Per le nove radici d'esto legno
vi giuro che già mai non ruppi fede
al mio segnor, che fu d'onor sì degno. 75

E se di voi alcun nel mondo riede,
conforti la memoria mia, che giace
ancor del colpo che 'nvidia le diede". 78

Un poco attese, e poi "Da ch'el si tace",
disse 'l poeta a me, "non perder l'ora;
ma parla, e chiedi a lui, se più ti piace". 81

Ond'ïo a lui: "Domandal tu ancora
di quel che credi ch'a me satisfaccia;
ch'i' non potrei, tanta pietà m'accora". 84

COME L'ANIMA DEI SUICIDI DIVENTI PIANTA

Perciò ricominciò: "Se l'om ti faccia
liberamente ciò che 'l tuo dir priega,
spirito incarcerato, ancor ti piaccia 87

di dirne come l'anima si lega
in questi nocchi; e dinne, se tu puoi,
s'alcuna mai di tai membra si spiega". 90

Allor soffiò il tronco forte, e poi
si convertì quel vento in cotal voce:
"Brievemente sarà risposto a voi. 93

Quando si parte l'anima feroce
dal corpo ond'ella stessa s'è disvelta,
Minòs la manda a la settima foce. 96

Cade in la selva, e non l'è parte scelta;
ma là dove fortuna la balestra,
quivi germoglia come gran di spelta. 99

Surge in vermena e in pianta silvestra:
l'Arpie, pascendo poi de le sue foglie,
fanno dolore, e al dolor fenestra. 102

Come l'altre verrem per nostre spoglie,
ma non però ch'alcuna sen rivesta,
ché non è giusto aver ciò ch'om si toglie. 105

Qui le strascineremo, e per la mesta
selva saranno i nostri corpi appesi,
ciascuno al prun de l'ombra sua molesta". 108

Noi eravamo ancora al tronco attesi,
credendo ch'altro ne volesse dire,
quando noi fummo d'un romor sorpresi, 111

similemente a colui che venire
sente 'l porco e la caccia a la sua posta,
ch'ode le bestie, e le frasche stormire. 114

GLI SCIALACQUATORI

Ed ecco due da la sinistra costa,
nudi e graffiati, fuggendo sì forte,
che de la selva rompieno ogne rosta. 117

Quel dinanzi: "Or accorri, accorri, morte!".
E l'altro, cui pareva tardar troppo,
gridava: "Lano, sì non furo accorte 120

le gambe tue a le giostre dal Toppo!".

E poi che forse li fallia la lena,
di sé e d'un cespuglio fece un groppo. 123

Di rietro a loro era la selva piena
di nere cagne, bramose e correnti
come veltri ch'uscisser di catena. 126

In quel che s'appiattò miser li denti,
e quel dilaceraro a brano a brano;
poi sen portar quelle membra dolenti. 129

Presemi allor la mia scorta per mano,
e menommi al cespuglio che piangea
per le rotture sanguinenti in vano. 132

"O Iacopo", dicea, "da Santo Andrea,
che t'è giovato di me fare schermo?
che colpa ho io de la tua vita rea?". 135

Quando 'l maestro fu sovr'esso fermo,
disse: "Chi fosti, che per tante punte
soffi con sangue doloroso sermo?". 138

Ed elli a noi: "O anime che giunte
siete a veder lo strazio disonesto
c' ha le mie fronde sì da me disgiunte, 141

raccoglietele al piè del tristo cesto.
I' fui de la città che nel Batista
mutò 'l primo padrone; ond'ei per questo 144

sempre con l'arte sua la farà trista;
e se non fosse che 'n sul passo d'Arno
rimane ancor di lui alcuna vista, 147

que' cittadin che poi la rifondarno
sovra 'l cener che d'Attila rimase,
avrebber fatto lavorare indarno. 150

Io fei gibetto a me de le mie case".

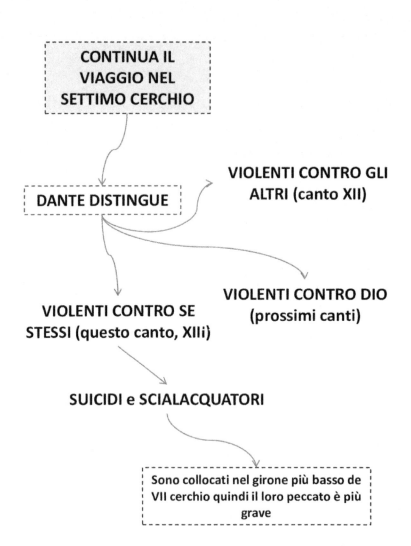

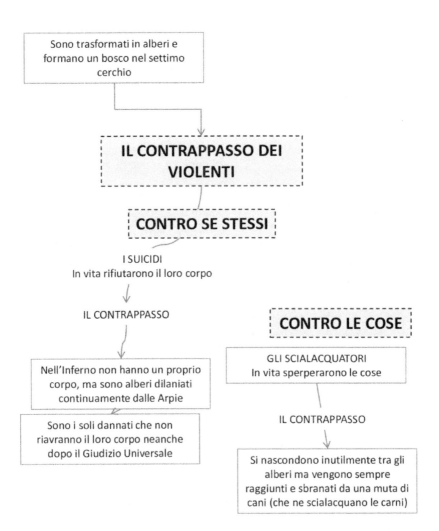

Mostri
Viso di donna e corpo di uccello

Speculari ai Centauri che torturano i
violenti nel canto precedente

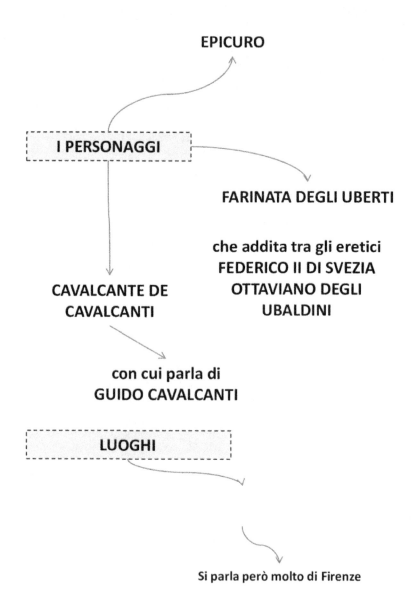

I PERSONAGGI

- LE ARPIE
- PIER DELLE VIGNE
- *indirettamente* FEDERICO II DI SVEZIA

LUOGHI

- IL BOSCO DOPO IL FLEGETONTE
  VII CERCHIO, II GIRONE

Si parla però molto di Firenze

SCHEMATICAMENTE

IL QUATTORDICESIMO CANTO DELLA DIVINA COMMEDIA

IL TERZO GIRONE DEL VII CERCHIO. LE PENE DEI VIOLENTI CONTRO DIO.

A differenza dell'ambientazione precedente qui la selva si dirada e i due poeti si trovano davanti ad una pianura di sabbia in cui sostano delle anime nude piangenti messe in diverse posizioni. Si tratta dei VIOLENTI CONTRO DIO

I VIOLENTI CONTRO DIO

Dante si rende conto che alcune di queste giacciono a terra supine e tra i lamenti, altre sedute, altri ancora girano intorno alle anime distese. Si tratta - in ordine - dei BESTEMMIATORI, degli USURAI e dei SODOMITI. Loro, che in vita hanno disprezzato Dio, ora sono costretti a rimanere sotto una pioggia di oggetti infuocati simili a fiocchi di neve che gli piovono addosso incessantemente.

CAPANEO
L'unica anima indifferente alla pioggia infuocata è CAPANEO, uno dei sette re che assediarono Tebe. Egli, avendo capito che Dante ha chiesto chi fosse, interviene suscitando l'ira di Virgilio, che gli ricorda il motivo per il quale si trova li: la sua superbia.

L'ORIGINE DEI FIUMI INFERNALI

Dopo il breve colloquio con CAPANEO, i due viaggiatori si recano nuovamente nelle sponde del FLEGETONTE, il fiume infuocato capace di spegnere le fiamme che piovono dal cielo. Virgilio racconta allora dell'origine dei fiumi infernali, sotto richiesta di Dante.

Essi hanno origine a Creta, isola del mediterraneo, in cui si trova il Monte Ida, il luogo un tempo rigoglioso scelto da Rea per nascondere il figlio Giove. Dentro la montagna c'è la statua un vecchio dalla testa d'oro e il corpo d'argento, rame, ferro e terracotta. Dagli arti danneggiati della statua sgorgano lacrime capaci di forare la roccia sottostante, che andranno a formare l'Acheronte, lo Stige e il FLEGETONTE, che si incontrano nel Cocito.

Il Lete si vedrà solo fuori dall'Inferno, in cui le anime andranno a lavarsi dopo aver espiato le proprie colpe.

CANTO QUATTORDICESIMO
DAI VIOLENTI CONTRO SE STESSI AI VIOLENTI CONTRO DIO

Poi che la carità del natio loco
mi strinse, raunai le fronde sparte
e rende' le a colui, ch'era già fioco.   3

Indi venimmo al fine ove si parte
lo secondo giron dal terzo, e dove
si vede di giustizia orribil arte.   6

A ben manifestar le cose nove,
dico che arrivammo ad una landa
che dal suo letto ogne pianta rimove.   9

La dolorosa selva l'è ghirlanda
intorno, come 'l fosso tristo ad essa;
quivi fermammo i passi a randa a randa.   12

Lo spazzo era una rena arida e spessa,
non d'altra foggia fatta che colei
che fu da' piè di Caton già soppressa.   15

O vendetta di Dio, quanto tu dei
esser temuta da ciascun che legge
ciò che fu manifesto a li occhi mei!   18

D'anime nude vidi molte gregge
che piangean tutte assai miseramente,
e parea posta lor diversa legge.   21

Supin giacea in terra alcuna gente,
alcuna si sedea tutta raccolta,
e altra andava continüamente.   24

Quella che giva 'ntorno era più molta,
e quella men che giacëa al tormento,
ma più al duolo avea la lingua sciolta.   27

Sovra tutto 'l sabbion, d'un cader lento,
piovean di foco dilatate falde,

come di neve in alpe sanza vento. 30

Quali Alessandro in quelle parti calde
d'Indïa vide sopra 'l süo stuolo
fiamme cadere infino a terra salde, 33

per ch'ei provide a scalpitar lo suolo
con le sue schiere, acciò che lo vapore
mei si stingueva mentre ch'era solo: 36

tale scendeva l'etternale ardore;
onde la rena s'accendea, com'esca
sotto focile, a doppiar lo dolore. 39

Sanza riposo mai era la tresca
de le misere mani, or quindi or quinci
escotendo da sé l'arsura fresca. 42

DIALOGO ON CAPANEO

I' cominciai: "Maestro, tu che vinci
tutte le cose, fuor che ' demon duri
ch'a l'intrar de la porta incontra uscinci, 45

chi è quel grande che non par che curi
lo 'ncendio e giace dispettoso e torto,
sì che la pioggia non par che 'l marturi?". 48

E quel medesmo, che si fu accorto
ch'io domandava il mio duca di lui,
gridò: "Qual io fui vivo, tal son morto. 51

Se Giove stanchi 'l suo fabbro da cui
crucciato prese la folgore aguta
onde l'ultimo dì percosso fui; 54

o s'elli stanchi li altri a muta a muta
in Mongibello a la focina negra,
chiamando "Buon Vulcano, aiuta, aiuta!", 57

sì com'el fece a la pugna di Flegra,
e me saetti con tutta sua forza:

non ne potrebbe aver vendetta allegra". 60

Allora il duca mio parlò di forza
tanto, ch'i' non l'avea sì forte udito:
"O Capaneo, in ciò che non s'ammorza 63

la tua superbia, se' tu più punito;
nullo martiro, fuor che la tua rabbia,
sarebbe al tuo furor dolor compito". 66

Poi si rivolse a me con miglior labbia,
dicendo: "Quei fu l'un d'i sette regi
ch'assiser Tebe; ed ebbe e par ch'elli abbia 69

Dio in disdegno, e poco par che 'l pregi;
ma, com'io dissi lui, li suoi dispetti
sono al suo petto assai debiti fregi. 72

Or mi vien dietro, e guarda che non metti,
ancor, li piedi ne la rena arsiccia;
ma sempre al bosco tien li piedi stretti". 75

FLEGETEONTE

Tacendo divenimmo là 've spiccia
fuor de la selva un picciol fiumicello,
lo cui rossore ancor mi raccapriccia. 78

Quale del Bulicame esce ruscello
che parton poi tra lor le peccatrici,
tal per la rena giù sen giva quello. 81

Lo fondo suo e ambo le pendici
fatt'era 'n pietra, e ' margini dallato;
per ch'io m'accorsi che 'l passo era lici. 84

"Tra tutto l'altro ch'i' t' ho dimostrato,
poscia che noi intrammo per la porta
lo cui sogliare a nessuno è negato, 87

cosa non fu da li tuoi occhi scorta
notabile com'è 'l presente rio,

che sovra sé tutte fiammelle ammorta". 90

Queste parole fuor del duca mio;
per ch'io 'l pregai che mi largisse 'l pasto
di cui largito m'avëa il disio. 93

"In mezzo mar siede un paese guasto",
diss'elli allora, "che s'appella Creta,
sotto 'l cui rege fu già 'l mondo casto. 96

Una montagna v'è che già fu lieta
d'acqua e di fronde, che si chiamò Ida;
or è diserta come cosa vieta. 99

Rëa la scelse già per cuna fida
del suo figliuolo, e per celarlo meglio,
quando piangea, vi facea far le grida. 102

Dentro dal monte sta dritto un gran veglio,
che tien volte le spalle inver' Dammiata
e Roma guarda come süo speglio. 105

La sua testa è di fin oro formata,
e puro argento son le braccia e 'l petto,
poi è di rame infino a la forcata; 108

da indi in giuso è tutto ferro eletto,
salvo che 'l destro piede è terra cotta;
e sta 'n su quel, più che 'n su l'altro, eretto. 111

Ciascuna parte, fuor che l'oro, è rotta
d'una fessura che lagrime goccia,
le quali, accolte, fóran quella grotta. 114

Lor corso in questa valle si diroccia;
fanno Acheronte, Stige e Flegetonta;
poi sen van giù per questa stretta doccia, 117

infin, là ove più non si dismonta,
fanno Cocito; e qual sia quello stagno

tu lo vedrai, però qui non si conta".

E io a lui: "Se 'l presente rigagno
si diriva così dal nostro mondo,
perché ci appar pur a questo vivagno?".

Ed elli a me: "Tu sai che 'l loco è tondo;
e tutto che tu sie venuto molto,
pur a sinistra, giù calando al fondo,

non se' ancor per tutto 'l cerchio vòlto;
per che, se cosa n'apparisce nova,
non de' addur maraviglia al tuo volto".

E io ancor: "Maestro, ove si trova
Flegetonta e Letè? ché de l'un taci,
e l'altro di' che si fa d'esta piova".

"In tutte tue question certo mi piaci",
rispuose, "ma 'l bollor de l'acqua rossa
dovea ben solver l'una che tu faci.

Letè vedrai, ma fuor di questa fossa,
là dove vanno l'anime a lavarsi
quando la colpa pentuta è rimossa".

Poi disse: "Omai è tempo da scostarsi
dal bosco; fa che di retro a me vegne:
li margini fan via, che non son arsi,

e sopra loro ogne vapor si spegne".

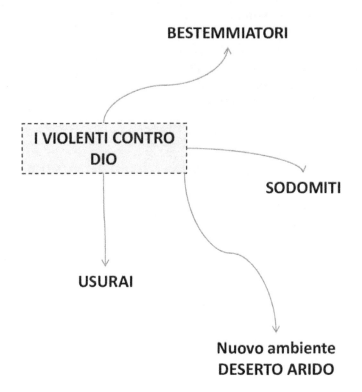

L'ORIGINE DEI FIUMI INFERNALI

Dante colloca la sorgente dei fiumi a Creta

I fiumi infernali nascerebbero sotto la statua del

VEGLIO DI CRETA

Statua di un vecchio con la testa in oro e il corpo ramato. Dal corpo del vecchio sgorgano lacrime che formano nei fiumi

STIGE   **ACHERONTE**   **FLEGETONTE**

Confluiscono nel
⇓
COCITO

Che sta al centro della terra

I PERSONAGGI → **CANAPEO** — è uno dei sette re di Tebe
colloquio breve

LUOGHI

PRIMA IL DESERTO ARIDO

POI DANTE E VIRGILIO TORNANO AL FIUME FLEGETONTE

SCHEMATICAMENTE

IL QUINDICESIMO CANTO DELLA DIVINA COMMEDIA

IL TERZO GIRONE DEL VII CERCHIO: LA PENA DEI SODOMITI
Passando per gli argini, Dante e Virgilio riescono a superare il fiume infernale e trovano alcune anime incuriosite dal loro passaggio. Una di queste scuote Dante per attirare la sua attenzione, che inizialmente non lo riconosce perché è completamente bruciato in volto.

BRUNETTO LATINI
Dopo essersi avvicinato, finalmente Dante riconosce Brunetto Latini, letterato e uomo politico di grande stima. L'uomo invita Dante a camminare con lui perché se si fosse fermato, sarebbe dovuto rimanere fermo sotto la pioggia di fuoco per altri cent'anni. Con il benestare di Virgilio, Dante lo segue e ascolta la sua PROFEZIA.

PROFEZIA SULL'ESILIO DI DANTE
Come già è successo con FARINATA DEGLI UBERTI, anche Brunetto Latini fa una previsione sul futuro di Dante. Egli, grande estimatore della missione letteraria di Dante, predice che avrà successo se seguirà la sua buona stella, ma che i suoi drammi saranno dati dai fiorentini. Questi sono avari e invidiosi ed entrambe le fazioni (Guelfi Bianchi e Guelfi Neri) vorranno sfogare il loro odio nei confronti di Dante, non riconoscendo le sue valide imprese. Dante, commosso per le sue parole, promette di portare onore sulla terra al suo ricordo e capisce che comprenderà meglio la profezia una volta arrivato al cospetto di Beatrice.

ALCUNI NOTI SODOMITI
Brunetto Latini racconta anche al poeta delle anime che hanno avuto il suo stesso destino. Tra questi ci sono letterati e chierici di grande fama come Prisciano, Francesco D'Accorso, addirittura Bonifacio VIII. Il dialogo si chiude bruscamente perché sono in arrivo alcune anime con le quali il poeta defunto non può mescolarsi.

CANTO QUINDICESIMO

LA PENA DEI SODOMITI

Ora cen porta l'un de' duri margini;
e 'l fummo del ruscel di sopra aduggia,
sì che dal foco salva l'acqua e li argini. 3

Quali Fiamminghi tra Guizzante e Bruggia,
temendo 'l fiotto che 'nver' lor s'avventa,
fanno lo schermo perché 'l mar si fuggia; 6

e quali Padoan lungo la Brenta,
per difender lor ville e lor castelli,
anzi che Carentana il caldo senta: 9

a tale imagine eran fatti quelli,
tutto che né sì alti né sì grossi,
qual che si fosse, lo maestro félli. 12

Già eravam da la selva rimossi
tanto, ch'i' non avrei visto dov'era,
perch'io in dietro rivolto mi fossi, 15

quando incontrammo d'anime una schiera
che venian lungo l'argine, e ciascuna
ci riguardava come suol da sera 18

guardare uno altro sotto nuova luna;
e sì ver' noi aguzzavan le ciglia
come 'l vecchio sartor fa ne la cruna. 21

DIALOGO ON CON BRUNETTO LATINI

Così adocchiato da cotal famiglia,
fui conosciuto da un, che mi prese
per lo lembo e gridò: "Qual maraviglia!". 24

E io, quando 'l suo braccio a me distese,
ficcaï li occhi per lo cotto aspetto,
sì che 'l viso abbrusciato non difese 27

la conoscenza süa al mio 'ntelletto;
e chinando la mano a la sua faccia,
rispuosi: "Siete voi qui, ser Brunetto?". 30

E quelli: "O figliuol mio, non ti dispiaccia
se Brunetto Latino un poco teco
ritorna 'n dietro e lascia andar la traccia".   33

I' dissi lui: "Quanto posso, ven preco;
e se volete che con voi m'asseggia,
faròl, se piace a costui che vo seco".   36

"O figliuol", disse, "qual di questa greggia
s'arresta punto, giace poi cent'anni
sanz'arrostarsi quando 'l foco il feggia.   39

Però va oltre: i' ti verrò a' panni;
e poi rigiugnerò la mia masnada,
che va piangendo i suoi etterni danni".   42

Io non osava scender de la strada
per andar par di lui; ma 'l capo chino
tenea com'uom che reverente vada.   45

El cominciò: "Qual fortuna o destino
anzi l'ultimo dì qua giù ti mena?
e chi è questi che mostra 'l cammino?".   48

"Là sù di sopra, in la vita serena",
rispuos'io lui, "mi smarri' in una valle,
avanti che l'età mia fosse piena.   51

Pur ier mattina le volsi le spalle:
questi m'apparve, tornand'ïo in quella,
e reducemi a ca per questo calle".   54

Ed elli a me: "Se tu segui tua stella,
non puoi fallire a glorïoso porto,
se ben m'accorsi ne la vita bella;   57

e s'io non fossi sì per tempo morto,
veggendo il cielo a te così benigno,
dato t'avrei a l'opera conforto.   60

Ma quello ingrato popolo maligno
che discese di Fiesole ab antico,
e tiene ancor del monte e del macigno, 63

ti si farà, per tuo ben far, nimico;
ed è ragion, ché tra li lazzi sorbi
si disconvien fruttare al dolce fico. 66

Vecchia fama nel mondo li chiama orbi;
gent'è avara, invidiosa e superba:
dai lor costumi fa che tu ti forbi. 69

La tua fortuna tanto onor ti serba,
che l'una parte e l'altra avranno fame
di te; ma lungi fia dal becco l'erba. 72

Faccian le bestie fiesolane strame
di lor medesme, e non tocchin la pianta,
s'alcuna surge ancora in lor letame, 75

in cui riviva la sementa santa
di que' Roman che vi rimaser quando
fu fatto il nido di malizia tanta". 78

"Se fosse tutto pieno il mio dimando",
rispuos'io lui, "voi non sareste ancora
de l'umana natura posto in bando; 81

ché 'n la mente m'è fitta, e or m'accora,
la cara e buona imagine paterna
di voi quando nel mondo ad ora ad ora 84

m'insegnavate come l'uom s'etterna:
e quant'io l'abbia in grado, mentr'io vivo
convien che ne la mia lingua si scerna. 87

Ciò che narrate di mio corso scrivo,
e serbolo a chiosar con altro testo
a donna che saprà, s'a lei arrivo. 90

Tanto vogl'io che vi sia manifesto,
pur che mia coscïenza non mi garra,
ch'a la Fortuna, come vuol, son presto.   93

Non è nuova a li orecchi miei tal arra:
però giri Fortuna la sua rota
come le piace, e 'l villan la sua marra".   96

Lo mio maestro allora in su la gota
destra si volse in dietro e riguardommi;
poi disse: "Bene ascolta chi la nota".   99

Né per tanto di men parlando vommi
con ser Brunetto, e dimando chi sono
li suoi compagni più noti e più sommi.   102

Ed elli a me: "Saper d'alcuno è buono;
de li altri fia laudabile tacerci,
ché 'l tempo saria corto a tanto suono.   105

In somma sappi che tutti fur cherci
e litterati grandi e di gran fama,
d'un peccato medesmo al mondo lerci.   108

Priscian sen va con quella turba grama,
e Francesco d'Accorso anche; e vedervi,
s'avessi avuto di tal tigna brama,   111

colui potei che dal servo de' servi
fu trasmutato d'Arno in Bacchiglione,
dove lasciò li mal protesi nervi.   114

Di più direi; ma 'l venire e 'l sermone
più lungo esser non può, però ch'i' veggio
là surger nuovo fummo del sabbione.   117

Gente vien con la quale esser non deggio.
Sieti raccomandato il mio Tesoro,
nel qual io vivo ancora, e più non cheggio".   120

Poi si rivolse, e parve di coloro
che corrono a Verona il drappo verde
per la campagna; e parve di costoro   123

quelli che vince, non colui che perde.

BRUNETTO LATINI

Personaggio storico fiorentino
È tra i maestri di Dante

Letterato e politico fiorentino

Visse tra il 1220 e il 1295

Guelfo, fu costretto anch'egli all'esilio dopo la BATTAGLIA DI MONTAPERTI

Visse sette anni in Francia prima di tornare a Firenze

IL TRESOR
Qui scrisse il suo poema più famoso in lingua d'oil

Tornato a Firenze ricopre importanti cariche tra cui quella di Priore

CONTRAPPASSO DEI SODOMITI

Sono collocati tra i violenti contro Dio

Perché vanno contro la natura

È l'atto a costituire peccato non l'omosessualità in sé

(la sodomia è condannata nel medioevoa anche se praticata dalle donne)

CONTRAPPASSO PER ANALOGIA

Come in vita trattarono male il corpo, così per l'eternità il loro corpro verrà martoriato dalla testa ai piedi, camminando su terra ardente e ricevendo fiammelle infuocato in capo

L'ESILIO DI DANTE

Ad inizio del 1302 viene condannato a due anni di esilio

Poco dopo, si aggiunge una condanna più pesante e cioè la confisca dei beni e la CONDANNA AL ROGO

L'esilio diviene così definitivo

Nel 1315 gli viene proposta l'amnistia in cambio dell'ammissione di colpa

DANTE RIFIUTA DI DICHIARARSI COLPEVOLE

Per difendere la sua innocenza si condanna così a non tornare più a Firenze

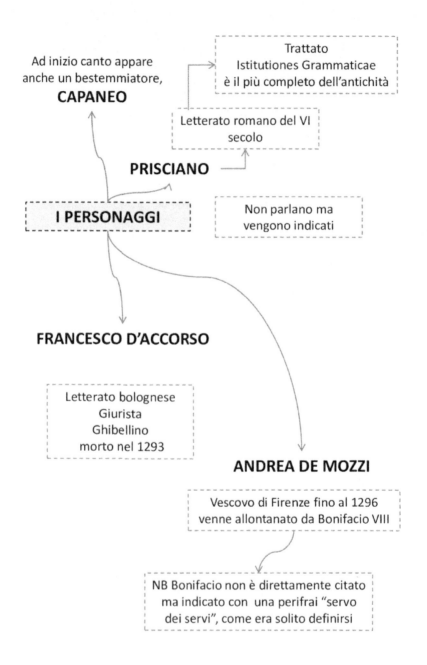

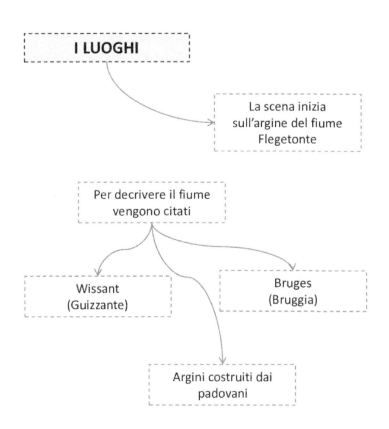

SCHEMATICAMENTE

IL SEDICESIMO CANTO DELLA DIVINA COMMEDIA

IL TERZO GIRONE DEL VII CERCHIO: L'INCONTRO CON I FIORENTINI

Le tre anime che si avvicinano a Dante e che hanno interrotto il discorso con Brunetto Latini sono i dannati che hanno riconosciuto Dante come loro concittadino. Sono sodomiti, lo si può notare dal fatto che non si fermano un attimo. Seguono i due poeti quando camminano e se questi si fermano, iniziano a girare in cerchio intorno a loro.

GUERRA, ALDOBRANDI E RUSTICUCCI

Le tre anime sono Guido GUERRA, Tegghiaio ALDOBRANDI e Iacopo RUSTICUCCI, politici fiorentini. Dante rimane impressionato da quanti uomini nobili e a lui cari ci siano nel girone. Gli uomini si scambiano parole di stima e affetto reciproco e chiedono quali siano le vicende che riguardano FIRENZE di cui loro non sono a conoscenza.

FIRENZE SECONDO DANTE

Dante muove una forte critica contro Firenze, raccontando che i guadagni e l'arrivo di stranieri hanno riempito di eccessi la città e che ora non albergano più la cortesia e il valore come quando loro erano in vita ma domina invece la corruzione. Appresa la notizia, le anime vanno ad unirsi ai loro compagni.

IL BURRONE OLTRE IL FLEGETONTE

Congedati i sodomiti, i due viaggiatori proseguono il viaggio verso il burrone che determina la fine del FLEGETONTE, ora talmente rumoroso da non permettere più un dialogo tra i due. Sotto richiesta di Virgilio, Dante scioglie la corda che teneva legata in vita e la porge al compagno, che la lancia nel burrone sottostante. Dante a quel punto si rivolge al lettore, aumentando la suspense di ciò che sta per accadere. L'autore giura sulla sua stessa opera di aver visto una figura nuotare nell'aria e avvicinarsi a loro.

CANTO SEDICESIMO

INCONTRO CON I FIORENTINI SODOMITI

Già era in loco onde s'udia 'l rimbombo
de l'acqua che cadea ne l'altro giro,
simile a quel che l'arnie fanno rombo,   3

quando tre ombre insieme si partiro,
correndo, d'una torma che passava
sotto la pioggia de l'aspro martiro.   6

Venian ver' noi, e ciascuna gridava:
"Sòstati tu ch'a l'abito ne sembri
essere alcun di nostra terra prava".   9

Ahimè, che piaghe vidi ne' lor membri,
ricenti e vecchie, da le fiamme incese!
Ancor men duol pur ch'i' me ne rimembri.   12

A le lor grida il mio dottor s'attese;
volse 'l viso ver' me, e "Or aspetta",
disse, "a costor si vuole esser cortese.   15

E se non fosse il foco che saetta
la natura del loco, i' dicerei
che meglio stesse a te che a lor la fretta".   18

Ricominciar, come noi restammo, ei
l'antico verso; e quando a noi fuor giunti,
fenno una rota di sé tutti e trei.   21

Qual sogliono i campion far nudi e unti,
avvisando lor presa e lor vantaggio,
prima che sien tra lor battuti e punti,   24

così rotando, ciascuno il visaggio
drizzava a me, sì che 'n contraro il collo
faceva ai piè continüo vïaggio.   27

INCONTRO CON GUERRA, ALDOBRANDI E RUSTICUCCI

E "Se miseria d'esto loco sollo
rende in dispetto noi e nostri prieghi",
cominciò l'uno, "e 'l tinto aspetto e brollo,   30

la fama nostra il tuo animo pieghi
a dirne chi tu se', che i vivi piedi
così sicuro per lo 'nferno freghi. 33

Questi, l'orme di cui pestar mi vedi,
tutto che nudo e dipelato vada,
fu di grado maggior che tu non credi: 36

nepote fu de la buona Gualdrada;
Guido Guerra ebbe nome, e in sua vita
fece col senno assai e con la spada. 39

L'altro, ch'appresso me la rena trita,
è Tegghiaio Aldobrandi, la cui voce
nel mondo sù dovria esser gradita. 42

E io, che posto son con loro in croce,
Iacopo Rusticucci fui, e certo
la fiera moglie più ch'altro mi nuoce". 45

S'i' fossi stato dal foco coperto,
gittato mi sarei tra lor di sotto,
e credo che 'l dottor l'avria sofferto; 48

ma perch'io mi sarei brusciato e cotto,
vinse paura la mia buona voglia
che di loro abbracciar mi facea ghiotto. 51

Poi cominciai: "Non dispetto, ma doglia
la vostra condizion dentro mi fisse,
tanta che tardi tutta si dispoglia, 54

tosto che questo mio segnor mi disse
parole per le quali i' mi pensai
che qual voi siete, tal gente venisse. 57

Di vostra terra sono, e sempre mai
l'ovra di voi e li onorati nomi
con affezion ritrassi e ascoltai. 60

Lascio lo fele e vo per dolci pomi
promessi a me per lo verace duca;
ma 'nfino al centro pria convien ch'i' tomi". 63

"Se lungamente l'anima conduca
le membra tue", rispuose quelli ancora,
"e se la fama tua dopo te luca, 66

cortesia e valor dì se dimora
ne la nostra città sì come suole,
o se del tutto se n'è gita fora; 69

ché Guiglielmo Borsiere, il qual si duole
con noi per poco e va là coi compagni,
assai ne cruccia con le sue parole". 72

DANTE PARLA DI FIRENZE

"La gente nuova e i sùbiti guadagni
orgoglio e dismisura han generata,
Fiorenza, in te, sì che tu già ten piagni". 75

Così gridai con la faccia levata;
e i tre, che ciò inteser per risposta,
guardar l'un l'altro com'al ver si guata. 78

"Se l'altre volte sì poco ti costa",
rispuoser tutti, "il satisfare altrui,
felice te se sì parli a tua posta! 81

Però, se campi d'esti luoghi bui
e torni a riveder le belle stelle,
quando ti gioverà dicere "I' fui", 84

fa che di noi a la gente favelle".
Indi rupper la rota, e a fuggirsi
ali sembiar le gambe loro isnelle. 87

Un amen non saria possuto dirsi
tosto così com'e' fuoro spariti;
per ch'al maestro parve di partirsi. 90

IL BURRONE OLTRE IL FLEGETONTE

Io lo seguiva, e poco eravam iti,
che 'l suon de l'acqua n'era sì vicino,
che per parlar saremmo a pena uditi. 93

Come quel fiume c' ha proprio cammino
prima dal Monte Viso 'nver' levante,
da la sinistra costa d'Apennino, 96

che si chiama Acquacheta suso, avante
che si divalli giù nel basso letto,
e a Forlì di quel nome è vacante, 99

rimbomba là sovra San Benedetto
de l'Alpe per cadere ad una scesa
ove dovea per mille esser recetto; 102

così, giù d'una ripa discoscesa,
trovammo risonar quell'acqua tinta,
sì che 'n poc'ora avria l'orecchia offesa. 105

Io avea una corda intorno cinta,
e con essa pensai alcuna volta
prender la lonza a la pelle dipinta. 108

Poscia ch'io l'ebbi tutta da me sciolta,
sì come 'l duca m'avea comandato,
porsila a lui aggroppata e ravvolta. 111

Ond'ei si volse inver' lo destro lato,
e alquanto di lunge da la sponda
la gittò giuso in quell'alto burrato. 114

'E' pur convien che novità risponda',
dicea fra me medesmo, 'al novo cenno
che 'l maestro con l'occhio sì seconda'. 117

Ahi quanto cauti li uomini esser dienno
presso a color che non veggion pur l'ovra,
ma per entro i pensier miran col senno! 120

El disse a me: "Tosto verrà di sovra
ciò ch'io attendo e che il tuo pensier sogna;
tosto convien ch'al tuo viso si scovra". 123

Sempre a quel ver c' ha faccia di menzogna
de' l'uom chiuder le labbra fin ch'el puote,
però che sanza colpa fa vergogna; 126

ma qui tacer nol posso; e per le note
di questa comedìa, lettor, ti giuro,
s'elle non sien di lunga grazia vòte, 129

ch'i' vidi per quell' aere grosso e scuro
venir notando una figura in suso,
maravigliosa ad ogne cor sicuro, 132

sì come torna colui che va giuso
talora a solver l'àncora ch'aggrappa
o scoglio o altro che nel mare è chiuso, 135

che 'n sù si stende e da piè si rattrappa.

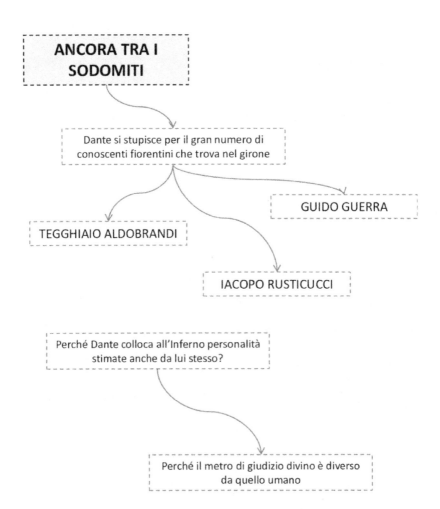

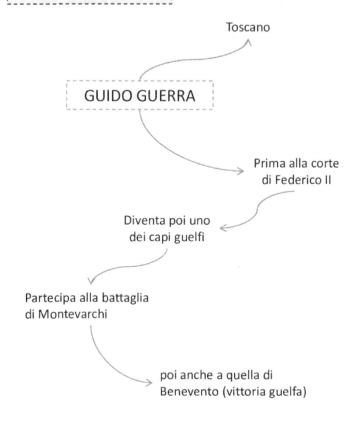

ANCORA TRA I SODOMITI

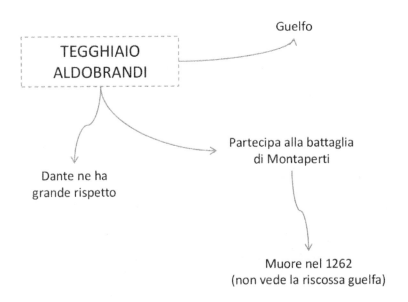

ANCORA TRA I SODOMITI

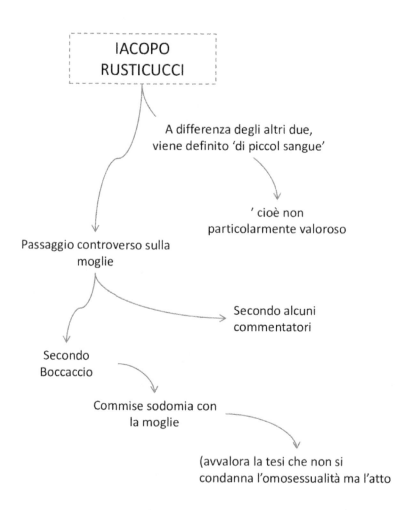

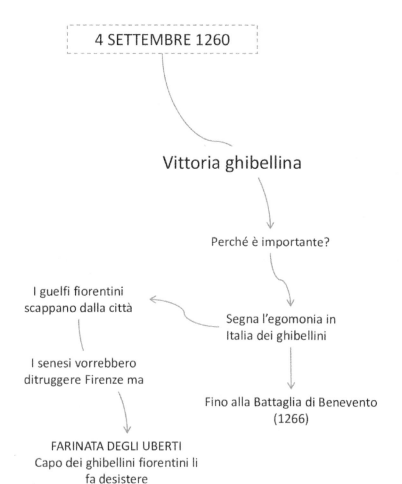

LA BATTAGLIA DI MONTAPERTI

26 FEBBRAIO 1260

Vittoria guelfa

Nello scontro viene ucciso il re MANFREDI

Capo dei ghibellini

CARLO D'ANGIÒ è invece a capo dei guelfi

Perché è importante?

VITTORIA DECISIVA

Fino alla Battaglia di Benevento (1266)

DISCORSO SU FIRENZE

L'incontro con i tre fiorentini è l'occasione per Dante di esprimere il suo punto di vista sulla situazione fiorentina

I valori costitutivi della città fiorentina sono stati corrotti

La causa per Dante è nella 'gente nuova' che viene dal contado

Sete di potere
Cura solo ai guadagni

Aumento della corruzione

SCHEMATICAMENTE

IL DICIASSETTESIMO CANTO DELLA DIVINA COMMEDIA

TERZO GIRONE DEL VII CERCHIO: GLI USURAI, GERIONE E LA STRADA PER LE MALEBOLGE

Il canto si apre con le parole di Virgilio, che spiega a Dante chi è l'ospite che sta risalendo la corda per arrivare da loro. Si tratta di GERIONE.

GERIONE

Si tratta di una belva dalla coda appuntita capace di raggiungere qualunque luogo. Ha il volto di un uomo, il corpo di un serpente e le zampe pelose con artigli appuntiti. Possiede lunga coda con un grosso pungiglione e un dorso abbastanza ampio da poter ospitare i due poeti. Mentre Virgilio cerca di convincere GERIONE ad aiutarli ad attraversare il fosso, Dante si avvicina alle anime che scorge dal punto in cui si trova.

GLI USURAI

Gli USURAI rimangono fermi in mezzo alla pianura sabbiosa e si coprono con le mani per evitare di essere colpiti dalla pioggia infuocata. Dante non riconosce nessuno ma si accorge che ogni anima porta al collo lo stemma della sua famiglia e riconosce quelle dei Gianfigliazzi e degli Obriachi. Alcune anime, accortesi della presenza di Dante, dopo avergli intimato di allontanarsi, predicono le sventure di Vitaliano del Dente e di Giovanni Buiamonte, uomini di spicco della città di Firenze.

LA DISCESA VERSO LE MALEBOLGE

Dante, ritornato da Virgilio, rimane stupito nel vedere che il compagno si trova già sul dorso del feroce animale. Sale anche lui, sebbene impaurito, perché non c'è altro modo per proseguire il viaggio. Virgilio si premura di far sistemare Dante nella parte anteriore in modo da non ferirsi con la coda e lo cinge con le braccia per proteggerlo. La discesa terrorizza Dante, che tuttavia si preoccupa più per lo scenario che inizia ad intravedere, pieno di fuochi e di sgradevoli suoni. I due poeti vengono lasciati a terra e GERIONE si dilegua velocemente.

CANTO DICIASSETTESIMO

INCONTRO CON GERIONE,

"Ecco la fiera con la coda aguzza,
che passa i monti e rompe i muri e l'armi!
Ecco colei che tutto 'l mondo appuzza!". 3

Sì cominciò lo mio duca a parlarmi;
e accennolle che venisse a proda,
vicino al fin d'i passeggiati marmi. 6

E quella sozza imagine di froda
sen venne, e arrivò la testa e 'l busto,
ma 'n su la riva non trasse la coda. 9

La faccia sua era faccia d'uom giusto,
tanto benigna avea di fuor la pelle,
e d'un serpente tutto l'altro fusto; 12

due branche avea pilose insin l'ascelle;
lo dosso e 'l petto e ambedue le coste
dipinti avea di nodi e di rotelle. 15

Con più color, sommesse e sovraposte
non fer mai drappi Tartari né Turchi,
né fuor tai tele per Aragne imposte. 18

Come talvolta stanno a riva i burchi,
che parte sono in acqua e parte in terra,
e come là tra li Tedeschi lurchi 21

lo bivero s'assetta a far sua guerra,
così la fiera pessima si stava
su l'orlo ch'è di pietra e 'l sabbion serra. 24

Nel vano tutta sua coda guizzava,
torcendo in sù la venenosa forca
ch'a guisa di scorpion la punta armava. 27

Lo duca disse: "Or convien che si torca
la nostra via un poco insino a quella

bestia malvagia che colà si corca". 30

Però scendemmo a la destra mammella,
e diece passi femmo in su lo stremo,
per ben cessar la rena e la fiammella. 33

GLI USURAI

E quando noi a lei venuti semo,
poco più oltre veggio in su la rena
gente seder propinqua al loco scemo. 36

Quivi 'l maestro "Acciò che tutta piena
esperïenza d'esto giron porti",
mi disse, "va, e vedi la lor mena. 39

Li tuoi ragionamenti sian là corti;
mentre che torni, parlerò con questa,
che ne conceda i suoi omeri forti". 42

Così ancor su per la strema testa
di quel settimo cerchio tutto solo
andai, dove sedea la gente mesta. 45

Per li occhi fora scoppiava lor duolo;
di qua, di là soccorrien con le mani
quando a' vapori, e quando al caldo suolo: 48

non altrimenti fan di state i cani
or col ceffo or col piè, quando son morsi
o da pulci o da mosche o da tafani. 51

Poi che nel viso a certi li occhi porsi,
ne' quali 'l doloroso foco casca,
non ne conobbi alcun; ma io m'accorsi 54

che dal collo a ciascun pendea una tasca
ch'avea certo colore e certo segno,
e quindi par che 'l loro occhio si pasca. 57

E com'io riguardando tra lor vegno,
in una borsa gialla vidi azzurro

che d'un leone avea faccia e contegno.	60

Poi, procedendo di mio sguardo il curro,
vidine un'altra come sangue rossa,
mostrando un'oca bianca più che burro.	63

E un che d'una scrofa azzurra e grossa
segnato avea lo suo sacchetto bianco,
mi disse: "Che fai tu in questa fossa?	66

Or te ne va; e perché se' vivo anco,
sappi che 'l mio vicin Vitalïano
sederà qui dal mio sinistro fianco.	69

Con questi Fiorentin son padoano:
spesse fiate mi 'ntronan li orecchi
gridando: "Vegna 'l cavalier sovrano,	72

che recherà la tasca con tre becchi!"".
Qui distorse la bocca e di fuor trasse
la lingua, come bue che 'l naso lecchi.	75

E io, temendo no 'l più star crucciasse
lui che di poco star m'avea 'mmonito,
torna' mi in dietro da l'anime lasse.	78

IN GROPPA A GERIONE

Trova' il duca mio ch'era salito
già su la groppa del fiero animale,
e disse a me: "Or sie forte e ardito.	81

Omai si scende per sì fatte scale;
monta dinanzi, ch'i' voglio esser mezzo,
sì che la coda non possa far male".	84

Qual è colui che sì presso ha 'l riprezzo
de la quartana, c' ha già l'unghie smorte,
e triema tutto pur guardando 'l rezzo,	87

tal divenn'io a le parole porte;
ma vergogna mi fé le sue minacce,

che innanzi a buon segnor fa servo forte.   90

I' m'assettai in su quelle spallacce;
sì volli dir, ma la voce non venne
com'io credetti: 'Fa che tu m'abbracce'.   93

Ma esso, ch'altra volta mi sovvenne
ad altro forse, tosto ch'i' montai
con le braccia m'avvinse e mi sostenne;   96

e disse: "Gerïon, moviti omai:
le rote larghe, e lo scender sia poco;
pensa la nova soma che tu hai".   99

Come la navicella esce di loco
in dietro in dietro, sì quindi si tolse;
e poi ch'al tutto si sentì a gioco,   102

là 'v'era 'l petto, la coda rivolse,
e quella tesa, come anguilla, mosse,
e con le branche l'aere a sé raccolse.   105

Maggior paura non credo che fosse
quando Fetonte abbandonò li freni,
per che 'l ciel, come pare ancor, si cosse;   108

né quando Icaro misero le reni
sentì spennar per la scaldata cera,
gridando il padre a lui "Mala via tieni!",   111

che fu la mia, quando vidi ch'i' era
ne l'aere d'ogne parte, e vidi spenta
ogne veduta fuor che de la fera.   114

Ella sen va notando lenta lenta;
rota e discende, ma non me n'accorgo
se non che al viso e di sotto mi venta.   117

Io sentia già da la man destra il gorgo
far sotto noi un orribile scroscio,

per che con li occhi 'n giù la testa sporgo. 120

Allor fu' io più timido a lo stoscio,
però ch'i' vidi fuochi e senti' pianti;
ond'io tremando tutto mi raccoscio. 123

E vidi poi, ché nol vedea davanti,
lo scendere e 'l girar per li gran mali
che s'appressavan da diversi canti. 126

Come 'l falcon ch'è stato assai su l'ali,
che sanza veder logoro o uccello
fa dire al falconiere "Omè, tu cali!", 129

discende lasso onde si move isnello,
per cento rote, e da lunge si pone
dal suo maestro, disdegnoso e fello; 132

così ne puose al fondo Gerïone
al piè al piè de la stagliata rocca,
e, discarcate le nostre persone, 135

si dileguò come da corda cocca.

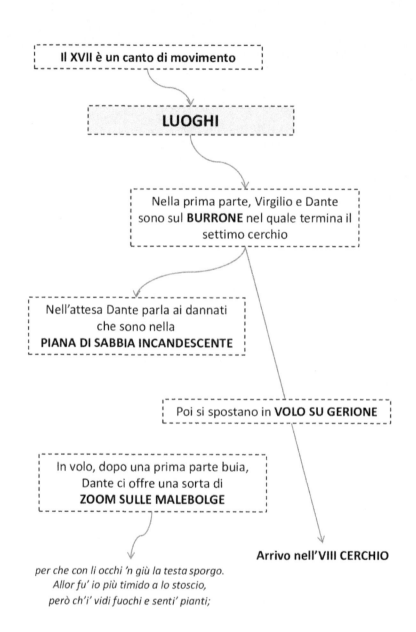

per che con li occhi 'n giù la testa sporgo.
Allor fu' io più timido a lo stoscio,
però ch'i' vidi fuochi e senti' pianti;

Ultimo incontro con i violenti contro Dio
USURAI

I PERSONAGGI

FAMIGLIE USURAIE
Descritti attraverso i rispettivi stemmi

GIANFIGLIAZZI
*in una borsa gialla vidi azzurro
che d'un leone avea faccia e contegno*

OBRIACHI
*un'altra come sangue rossa,
mostrando un'oca bianca più che burro*

SCROVEGNI
*un che d'una scrofa azzurra e grossa
segnato avea lo suo sacchetto bianco*

REGINALDO
parla con Dante e indica

Vitaliano del Dente
Giovanni di Buiamonte

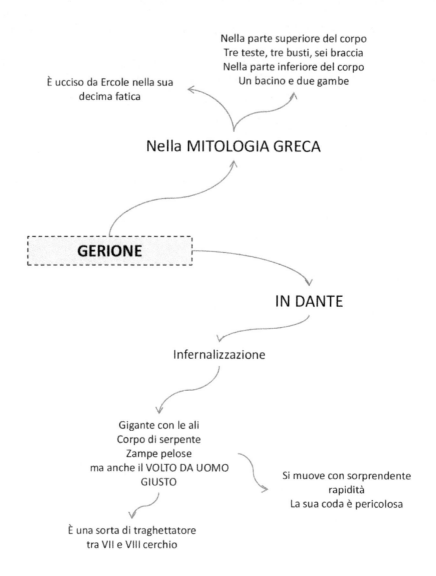

*«Ecco la fiera con la coda aguzza,
che passa i monti, e rompe i muri e l'armi!
Ecco colei che tutto 'l mondo appuzza!»*

APERTURA SENSAZIONALISTA DEL XVII CANTO
Annunciato nel canto precedente

Annunciato nel canto precedente

È uno dei personaggi su cui Dante
crea più aspettativa nei lettori

GERIONE

Il suo aspetto è indice
di frode

Viso umano e
rassicurante

Corpo repellente

Personifica così l'inganno

quella sozza imagine di froda

IL CONTRAPPASSO DEGLI USURAI

In vita si preoccuparono della borsa e prestarono denaro rovinando le persone

Il contrappasso

Bruciano immersi nella sabbia rovente

Preoccupati e bramosi solo della borsa con lo stemma di famiglia appesa al collo. Avevano guadagnato comodamente in vita e ora non possono riposare un momento

SCHEMATICAMENTE

IL DICOTTESIMO CANTO DELLA DIVINA COMMEDIA

PRIMA E SECONDA BOLGIA DELL'VIII CERCHIO: LA PENA DEI RUFFIANI E DEI SEDUTTORI.

Dante descrive le Malebolge come un luogo in pietra circondato da pareti rocciose con un pozzo centrale. Tra il pozzo e la parete rocciosa si aprono le dieci valli (Bolge), collegate tra di loro da ponti di pietra fino al pozzo centrale. Iniziano a scorgere numerose anime che camminano in due direzioni opposte, quelle dei ruffiani e dei seduttori. I primi camminano lungo il margine esterno mentre i secondi in quello interno. Entrambi vengono percossi dai diavoli.

I RUFFIANI E VENEDICO CACCIANEMICO

Nel suo cammino lungo l'argine del fiume, Dante scorge tra i ruffiani un uomo che riconosce e che cerca di nascondersi. È VENEDICO CACCIANEMICO, colui che ha venduto sua sorella per soddisfare le voglie di Obizzo d'Este e che ora viene condannato fisicamente e moralmente dai diavoli, che lo rimproverano per essersi fermato affermando che non ci sono donne da mercificare.

I SEDUTTORI E GIASONE

Dopo essere saliti su uno dei ponti in pietra, i due poeti riescono a scorgere i seduttori, che prima non vedevano. Tra questi Dante riconosce GIASONE, figura mitologica greca sposo della maga Medea e capo della spedizione degli Argonauti alla conquista del vello d'oro. L'eroe aveva però sedotto e abbandonato in gravidanza Isifile nonostante la sua relazione con Medea e ne sconterà la pena in eterno.

GLI ADULATORI

Giunti al punto in cui il ponte si congiunge con la seconda Bolgia, i viaggiatori si ritrovano davanti ad un gruppo di dannati che soffiano talmente forte dalle narici da aver riempito di muffa le pareti della bolgia. Arrivati sul punto più alto del ponte, Dante nota che i dannati sono immersi nello sterco e tendono a non voler essere riconosciuti. Egli, tra tutti, riconosce tra gli ADULATORI Alessio Interminelli, nobile guelfo bianco e la prostituta Taide.

CANTO DICIOTTESIMO

PRESENTAZIONE DELLE MALEBOLGE

Luogo è in inferno detto Malebolge,
tutto di pietra di color ferrigno,
come la cerchia che dintorno il volge. 3

Nel dritto mezzo del campo maligno
vaneggia un pozzo assai largo e profondo,
di cui suo loco dicerò l'ordigno. 6

Quel cinghio che rimane adunque è tondo
tra 'l pozzo e 'l piè de l'alta ripa dura,
e ha distinto in dieci valli il fondo. 9

Quale, dove per guardia de le mura
più e più fossi cingon li castelli,
la parte dove son rende figura, 12

tale imagine quivi facean quelli;
e come a tai fortezze da' lor sogli
a la ripa di fuor son ponticelli, 15

così da imo de la roccia scogli
movien che ricidien li argini e ' fossi
infino al pozzo che i tronca e raccogli. 18

In questo luogo, de la schiena scossi
di Gerïon, trovammoci; e 'l poeta
tenne a sinistra, e io dietro mi mossi. 21

A la man destra vidi nova pieta,
novo tormento e novi frustatori,
di che la prima bolgia era repleta. 24

Nel fondo erano ignudi i peccatori;
dal mezzo in qua ci venien verso 'l volto,
di là con noi, ma con passi maggiori, 27

come i Roman per l'essercito molto,
l'anno del giubileo, su per lo ponte

hanno a passar la gente modo colto,   30

che da l'un lato tutti hanno la fronte
verso 'l castello e vanno a Santo Pietro,
da l'altra sponda vanno verso 'l monte.   33

Di qua, di là, su per lo sasso tetro
vidi demon cornuti con gran ferze,
che li battien crudelmente di retro.   36

Ahi come facean lor levar le berze
a le prime percosse! già nessuno
le seconde aspettava né le terze.   39

I RUFFIANI E VENEDICO CACCIANEMICO

Mentr'io andava, li occhi miei in uno
furo scontrati; e io sì tosto dissi:
"Già di veder costui non son digiuno".   42

Per ch'ïo a figurarlo i piedi affissi;
e 'l dolce duca meco si ristette,
e assentio ch'alquanto in dietro gissi.   45

E quel frustato celar si credette
bassando 'l viso; ma poco li valse,
ch'io dissi: "O tu che l'occhio a terra gette,   48

se le fazion che porti non son false,
Venedico se' tu Caccianemico.
Ma che ti mena a sì pungenti salse?".   51

Ed elli a me: "Mal volontier lo dico;
ma sforzami la tua chiara favella,
che mi fa sovvenir del mondo antico.   54

I' fui colui che la Ghisolabella
condussi a far la voglia del marchese,
come che suoni la sconcia novella.   57

E non pur io qui piango bolognese;
anzi n'è questo loco tanto pieno,

che tante lingue non son ora apprese 60

a dicer 'sipa' tra Sàvena e Reno;
e se di ciò vuoi fede o testimonio,
rècati a mente il nostro avaro seno". 63

Così parlando il percosse un demonio
de la sua scurïada, e disse: "Via,
ruffian! qui non son femmine da conio". 66

I SEDUTTORI E GIASONE

I' mi raggiunsi con la scorta mia;
poscia con pochi passi divenimmo
là 'v'uno scoglio de la ripa uscia. 69

Assai leggeramente quel salimmo;
e vòlti a destra su per la sua scheggia,
da quelle cerchie etterne ci partimmo. 72

Quando noi fummo là dov'el vaneggia
di sotto per dar passo a li sferzati,
lo duca disse: "Attienti, e fa che feggia 75

lo viso in te di quest'altri mal nati,
ai quali ancor non vedesti la faccia
però che son con noi insieme andati". 78

Del vecchio ponte guardavam la traccia
che venìa verso noi da l'altra banda,
e che la ferza similmente scaccia. 81

E 'l buon maestro, sanza mia dimanda,
mi disse: "Guarda quel grande che vene,
e per dolor non par lagrime spanda: 84

quanto aspetto reale ancor ritene!
Quelli è Iasón, che per cuore e per senno
li Colchi del monton privati féne. 87

Ello passò per l'isola di Lenno
poi che l'ardite femmine spietate

tutti li maschi loro a morte dienno. 90

Ivi con segni e con parole ornate
Isifile ingannò, la giovinetta
che prima avea tutte l'altre ingannate. 93

Lasciolla quivi, gravida, soletta;
tal colpa a tal martiro lui condanna;
e anche di Medea si fa vendetta. 96

Con lui sen va chi da tal parte inganna;
e questo basti de la prima valle
sapere e di color che 'n sé assanna". 99

Già eravam là 've lo stretto calle
con l'argine secondo s'incrocicchia,
e fa di quello ad un altr'arco spalle. 102

Quindi sentimmo gente che si nicchia
ne l'altra bolgia e che col muso scuffa,
e sé medesma con le palme picchia. 105

Le ripe eran grommate d'una muffa,
per l'alito di giù che vi s'appasta,
che con li occhi e col naso facea zuffa. 108

Lo fondo è cupo sì, che non ci basta
loco a veder sanza montare al dosso
de l'arco, ove lo scoglio più sovrasta. 111

Quivi venimmo; e quindi giù nel fosso
vidi gente attuffata in uno sterco
che da li uman privadi parea mosso. 114

E mentre ch'io là giù con l'occhio cerco,
vidi un col capo sì di merda lordo,
che non parëa s'era laico o cherco. 117

Quei mi sgridò: "Perché se' tu sì gordo
di riguardar più me che li altri brutti?".

E io a lui: "Perché, se ben ricordo,　　　　　　　　　　120

già t' ho veduto coi capelli asciutti,
e se' Alessio Interminei da Lucca:
però t'adocchio più che li altri tutti".　　　　　　　123

Ed elli allor, battendosi la zucca:
"Qua giù m' hanno sommerso le lusinghe
ond'io non ebbi mai la lingua stucca".　　　　　　　126
　　　　　　　　　　　　　　　　　　　INCONTRO CON TAIDE

Appresso ciò lo duca "Fa che pinghe",
mi disse, "il viso un poco più avante,
sì che la faccia ben con l'occhio attinghe　　　　　129

di quella sozza e scapigliata fante
che là si graffia con l'unghie merdose,
e or s'accoscia e ora è in piedi stante.　　　　　　132

Taïde è, la puttana che rispuose
al drudo suo quando disse "Ho io grazie
grandi apo te?": "Anzi maravigliose!".　　　　　　135

E quinci sian le nostre viste sazie".

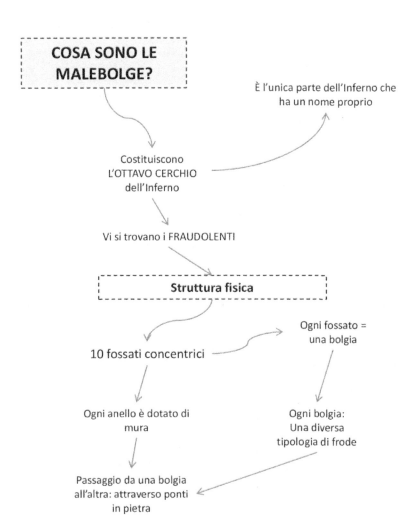

Quali sono i comportamenti fraudolenti?

> Dante definisce 10 diverse tipologie – ogni tipologia una bolgia

I seduttori e ruffiani
II adulatori e lusingatori
(XVIII canto)

III Simoniaci
(XIX canto)

IV indovini e maghi (divinazione)
(XX canto)

V Barattieri
(XXI e XXII canto)

VI Ipocriti
(XXIII canto)

VII Ladri
(XXIV-XV canto)

VIII consiglieri fraudolenti
(XXVI – XXVII canto)

IX seminatori di discordia e scismatici
(XVIII canto)

X falsari
(XXIX – XXX canto)

PRIMA BOLGIA

IL contrappasso dei SEDUTTORI

Per conto proprio
SEDUTTORI

Per conto d'altri
RUFFIANI

IN VITA
Avevano tratto piacere dalla carne

IN VITA
Avevano lodato falsamente gli altri

CONTRAPPASSO

CONTRAPPASSO

I loro corpi subiscono piaghe per l'eternità

Affogano nello sterco

I peccatori corrono nudi nella bolgia mentre i demoni li sferzano

SECONDA BOLGIA

```
┌─────────────────────────┐
│ IL contrappasso degli   │
│      ADULATORI          │
└─────────────────────────┘
            │
            │    IN VITA
            └──▶ Avevano tratto
                 piacere dalla
                     carne
                       │
                 CONTRAPPASSO
                       ↓
                  I loro corpi
                subiscono piaghe
                 per l'eternità
```

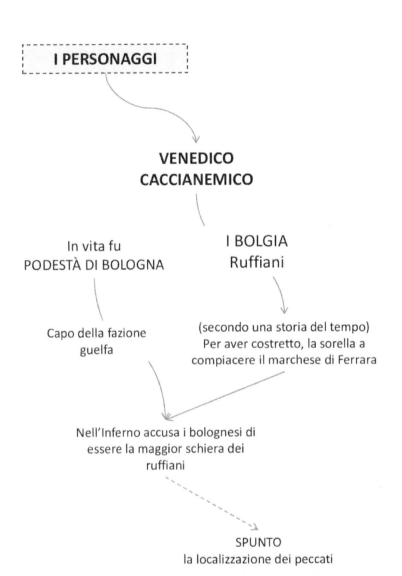

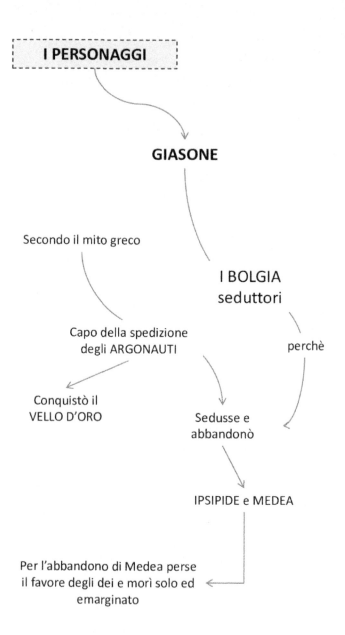

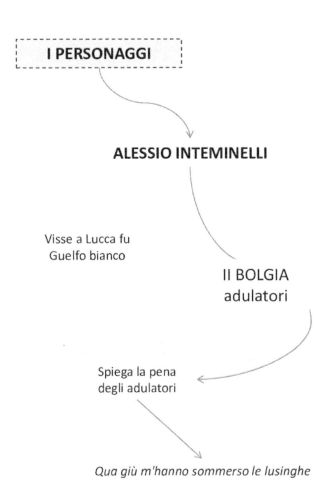

SCHEMATICAMENTE

IL DICIANNOVESIMO CANTO DELLA DIVINA COMMEDIA

LA TERZA BOLGIA DELL'VIII CERCHIO. LE PENE DEI SIMONIACI
Il XIX canto si apre con l'imprecazione di Dante verso la categoria I SIMONIACI, coloro che hanno fatto mercato delle cose sacre. Nel fondo della Bolgia ci sono delle buche in cui giacciono i dannati.

I SIMONIACI
Coloro che in vita hanno preferito le cose terrene piuttosto che a quelle celesti, ora rimangono conficcati nel suolo senza poter vedere la luce.
A rimanere fuori sono solo le gambe e i piedi, incastrati nei quali ci sono delle fiammelle che bruciano continuamente le loro dita.

PAPA NICCOLÒ III
Dante nota che un peccatore si lamenta più degli altri e le sue fiamme sono più grandi. Chiede quindi spiegazioni a Virgilio, che lo esorta ad avvicinarsi a parlare con il dannato. Così Dante incontra Papa Niccolò III, che in vita sfruttò la sua posizione per riempire di ricchezze la sua famiglia. Dopo aver scambiato Dante per Papa Bonifacio VIII e chiarito l'errore, papa Niccolò afferma che appena arriverà il Papa in questione verrà inserito nella sua stessa buca. Dopo di lui, li raggiungerà anche il Papa Clemente V, rivolgendo quindi delle gravi accuse alla chiesa.

L'INVETTIVA DI DANTE
Dante, arrabbiato per ciò che ha scoperto, esplode in un'aspra critica nei confronti della chiesa e di Niccolò III, asserendo che gli apostoli non chiesero del denaro a Mattia quando prese il posto di Giuda. I Papi simoniaci sono - secondo Dante - la vera rovina della chiesa, che si è asservita agli interessi della monarchia francese. L'accusato si agita nel sentire le parole di Dante, che viene però portato via da Virgilio per avviarsi verso la IV Bolgia.

CANTO DICIANNOVESIMO

I SIMONIACI

O Simon mago, o miseri seguaci
che le cose di Dio, che di bontate
deon essere spose, e voi rapaci 3

per oro e per argento avolterate,
or convien che per voi suoni la tromba,
però che ne la terza bolgia state. 6

Già eravamo, a la seguente tomba,
montati de lo scoglio in quella parte
ch'a punto sovra mezzo 'l fosso piomba. 9

O somma sapïenza, quanta è l'arte
che mostri in cielo, in terra e nel mal mondo,
e quanto giusto tua virtù comparte! 12

Io vidi per le coste e per lo fondo
piena la pietra livida di fóri,
d'un largo tutti e ciascun era tondo. 15

Non mi parean men ampi né maggiori
che que' che son nel mio bel San Giovanni,
fatti per loco d'i battezzatori; 18

l'un de li quali, ancor non è molt'anni,
rupp'io per un che dentro v'annegava:
e questo sia suggel ch'ogn'omo sganni. 21

Fuor de la bocca a ciascun soperchiava
d'un peccator li piedi e de le gambe
infino al grosso, e l'altro dentro stava. 24

Le piante erano a tutti accese intrambe;
per che sì forte guizzavan le giunte,
che spezzate averien ritorte e strambe. 27

Qual suole il fiammeggiar de le cose unte
muoversi pur su per la strema buccia,

tal era lì dai calcagni a le punte.

PAPA NICCOLÒ III

"Chi è colui, maestro, che si cruccia
guizzando più che li altri suoi consorti",
diss'io, "e cui più roggia fiamma succia?".

Ed elli a me: "Se tu vuo' ch'i' ti porti
là giù per quella ripa che più giace,
da lui saprai di sé e de' suoi torti".

E io: "Tanto m'è bel, quanto a te piace:
tu se' segnore, e sai ch'i' non mi parto
dal tuo volere, e sai quel che si tace".

Allor venimmo in su l'argine quarto;
volgemmo e discendemmo a mano stanca
là giù nel fondo foracchiato e arto.

Lo buon maestro ancor de la sua anca
non mi dipuose, sì mi giunse al rotto
di quel che si piangeva con la zanca.

"O qual che se' che 'l di sù tien di sotto,
anima trista come pal commessa",
comincia' io a dir, "se puoi, fa motto".

Io stava come 'l frate che confessa
lo perfido assessin, che, poi ch'è fitto,
richiama lui per che la morte cessa.

IL RIFERIMENTO A BONIFACIO VIII

Ed el gridò: "Se' tu già costì ritto,
se' tu già costì ritto, Bonifazio?
Di parecchi anni mi mentì lo scritto.

Se' tu sì tosto di quell'aver sazio
per lo qual non temesti tòrre a 'nganno
la bella donna, e poi di farne strazio?".

Tal mi fec'io, quai son color che stanno,
per non intender ciò ch'è lor risposto,
quasi scornati, e risponder non sanno.

Allor Virgilio disse: "Dilli tosto:
"Non son colui, non son colui che credi"";
e io rispuosi come a me fu imposto. 63

Per che lo spirto tutti storse i piedi;
poi, sospirando e con voce di pianto,
mi disse: "Dunque che a me richiedi? 66

Se di saper ch'i' sia ti cal cotanto,
che tu abbi però la ripa corsa,
sappi ch'i' fui vestito del gran manto; 69

e veramente fui figliuol de l'orsa,
cupido sì per avanzar li orsatti,
che sù l'avere e qui me misi in borsa. 72

Di sotto al capo mio son li altri tratti
che precedetter me simoneggiando,
per le fessure de la pietra piatti. 75

Là giù cascherò io altresì quando
verrà colui ch'i' credea che tu fossi,
allor ch'i' feci 'l sùbito dimando. 78

Ma più è 'l tempo già che i piè mi cossi
e ch'i' son stato così sottosopra,
ch'el non starà piantato coi piè rossi: 81

ché dopo lui verrà di più laida opra,
di ver' ponente, un pastor sanza legge,
tal che convien che lui e me ricuopra. 84

Nuovo Iasón sarà, di cui si legge
ne' Maccabei; e come a quel fu molle
suo re, così fia lui chi Francia regge". 87

DANTE CONTRO GLI ECCLESIASTICI SIMONIACI

Io non so s'i' mi fui qui troppo folle,
ch'i' pur rispuosi lui a questo metro:
"Deh, or mi dì: quanto tesoro volle 90

Nostro Segnore in prima da san Pietro
ch'ei ponesse le chiavi in sua balìa?
Certo non chiese se non "Viemmi retro". 93

Né Pier né li altri tolsero a Matia
oro od argento, quando fu sortito
al loco che perdé l'anima ria. 96

Però ti sta, ché tu se' ben punito;
e guarda ben la mal tolta moneta
ch'esser ti fece contra Carlo ardito. 99

E se non fosse ch'ancor lo mi vieta
la reverenza de le somme chiavi
che tu tenesti ne la vita lieta, 102

io userei parole ancor più gravi;
ché la vostra avarizia il mondo attrista,
calcando i buoni e sollevando i pravi. 105

Di voi pastor s'accorse il Vangelista,
quando colei che siede sopra l'acque
puttaneggiar coi regi a lui fu vista; 108

quella che con le sette teste nacque,
e da le diece corna ebbe argomento,
fin che virtute al suo marito piacque. 111

Fatto v'avete dio d'oro e d'argento;
e che altro è da voi a l'idolatre,
se non ch'elli uno, e voi ne orate cento? 114

Ahi, Costantin, di quanto mal fu matre,
non la tua conversion, ma quella dote
che da te prese il primo ricco patre!". 117

E mentr'io li cantava cotai note,
o ira o cosc𝐢enza che 'l mordesse,
forte spingava con ambo le piote. 120

I' credo ben ch'al mio duca piacesse,
con sì contenta labbia sempre attese
lo suon de le parole vere espresse.   123

Però con ambo le braccia mi prese;
e poi che tutto su mi s'ebbe al petto,
rimontò per la via onde discese.   126

Né si stancò d'avermi a sé distretto,
sì men portò sovra 'l colmo de l'arco
che dal quarto al quinto argine è tragetto.   129

Quivi soavemente spuose il carco,
soave per lo scoglio sconcio ed erto
che sarebbe a le capre duro varco.   132

Indi un altro vallon mi fu scoperto.

TERZA BOLGIA

IL contrappasso dei SIMONIACI

IN VITA
Hanno mercificato le cose di Chiesa

Essi hanno capovolto così l'ordine divino

CONTRAPPASSO

Sono posti a testa in giù e i loro piedi bruciati attraverso fiammelle

Niccolò III spiega anche che sotto di lui ve ne sono altri e che quando verrà Clemente V spingerà lui stesso più giù

CONTRO LA SIMONIA

Nel XIX canto Dante affronta un tema scottante per la Chiesa del tempo

Parla direttamente di pontefici del suo tempo

Per Dante questo peccato è tra i più gravi e diffusi

RICHIAMO STORICO
Nonostante la denuncia di Dante, la simonia non si andrà a fermare e sarà una delle ragioni che due secoli più tardi portarono Lutero a condannare la Chiesa di Roma

SIMON MAGO

↳ Da cui deriva il peccato di simonia

Citato negli atti degli Apostoli

Prima si fa battezzare ma poi

Tentò di corrompere San Pietro per avere il potere di imporre lo Spirito Santo

Secondo alcuni diede vita ad una propria setta scissa dai primi cristiani

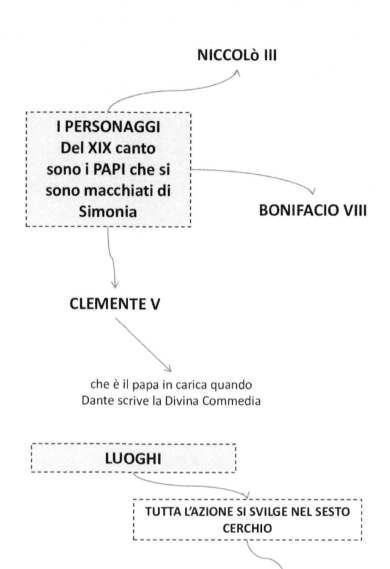

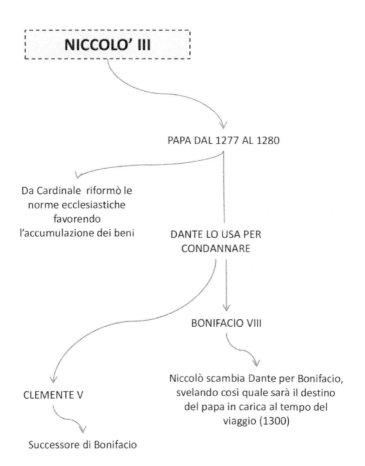

SCHEMATICAMENTE

IL VENTESIMO CANTO DELLA DIVINA COMMEDIA

LA QUARTA BOLGIA DEL VIII CERCHIO. LE PENE PER GLI INDOVINI.

Il canto inizia con la visione dei dannati che procedono su un fossato, silenziosi e piangenti come in processione. Ad uno sguardo più attento Dante si rende conto che la loro faccia è rivolta verso il dorso, posizione che li costringe ad andare all'indietro perché davanti non potrebbero vedere. Dante, alla vista di tanta deformità si mette a piangere e viene subito ripreso da Virgilio, che sostiene che non si debba avere compassione per GLI INDOVINI.

GLI INDOVINI
Tra i dannati Dante riconosce Anfiarnao, uno dei sette re di Tebe; Tiresia, l'indovino che diventò donna per poi ritornare uomo; Arunte, indovino specializzato nella divinazione tramite viscere che si ritrova nella Pharsalia di Lucano; MANTO, che diede ORIGINE A MANTOVA. Gli indovini, colpevoli di aver guardato troppo avanti durante la vita, ora sono costretti a camminare all'indietro e a bagnarsi le natiche con il loro pianto.

LE ORIGINI DI MANTOVA
Virgilio spiega che dopo la morte del padre dell'indovina MANTO e dopo la caduta di Tebe, la fanciulla girò il mondo in cerca di un posto dove stare. Quando la donna arrivò nel punto più alto del fiume Mincio, emissario del Garda e affluente del Po, decise che quello era il luogo perfetto per coltivare le sue arti magiche. Si stabilì quindi nella palude e a tempo debito vi morì. Le persone che abitavano i dintorni decisero quindi di costruire una città sulla tomba di Manto, che chiamarono MANTOVA in suo onore.

L'INCONTRO CON ALTRI INDOVINI
Dante ringrazia e chiede se ci siano altri indovini degni di attenzione. Virgilio riconosce Euripilo, che diede indicazioni per la partenza della flotta degli Achei e Michele Scotto, dannato dai fianchi esili. Tra gli indovini ci sono anche gli astrologi Guido Bonatti e Maestro Benenuto, pentiti delle teorie portate avanti in vita. Virgilio indica anche alcune donne, che lasciarono le mansioni femminili per dedicarsi alle arti magiche, contro il volere divino.
I due decidono di allontanarsi e di proseguire il viaggio, quando ormai anche la luna è prossima al tramonto.

CANTO VENTESIMO

GLI INDOVINI

Di nova pena mi conven far versi
e dar matera al ventesimo canto
de la prima canzon, ch'è d'i sommersi.   3

Io era già disposto tutto quanto
a riguardar ne lo scoperto fondo,
che si bagnava d'angoscioso pianto;   6

e vidi gente per lo vallon tondo
venir, tacendo e lagrimando, al passo
che fanno le letane in questo mondo.   9

Come 'l viso mi scese in lor più basso,
mirabilmente apparve esser travolto
ciascun tra 'l mento e 'l principio del casso,   12

ché da le reni era tornato 'l volto,
e in dietro venir li convenia,
perché 'l veder dinanzi era lor tolto.   15

Forse per forza già di parlasia
si travolse così alcun del tutto;
ma io nol vidi, né credo che sia.   18

Se Dio ti lasci, lettor, prender frutto
di tua lezione, or pensa per te stesso
com'io potea tener lo viso asciutto,   21

quando la nostra imagine di presso
vidi sì torta, che 'l pianto de li occhi
le natiche bagnava per lo fesso.   24

Certo io piangea, poggiato a un de' rocchi
del duro scoglio, sì che la mia scorta
mi disse: "Ancor se' tu de li altri sciocchi?   27

Qui vive la pietà quand'è ben morta;
chi è più scellerato che colui

che al giudicio divin passion comporta? 30

GLI INDOVINI DELL'ANTICHITÀ

Drizza la testa, drizza, e vedi a cui
s'aperse a li occhi d'i Teban la terra;
per ch'ei gridavan tutti: "Dove rui, 33

Anfiarao? perché lasci la guerra?".
E non restò di ruinare a valle
fino a Minòs che ciascheduno afferra. 36

Mira c' ha fatto petto de le spalle;
perché volse veder troppo davante,
di retro guarda e fa retroso calle. 39

Vedi Tiresia, che mutò sembiante
quando di maschio femmina divenne,
cangiandosi le membra tutte quante; 42

e prima, poi, ribatter li convenne
li duo serpenti avvolti, con la verga,
che rïavesse le maschili penne. 45

Aronta è quel ch'al ventre li s'atterga,
che ne' monti di Luni, dove ronca
lo Carrarese che di sotto alberga, 48

ebbe tra ' bianchi marmi la spelonca
per sua dimora; onde a guardar le stelle
e 'l mar non li era la veduta tronca. 51

E quella che ricuopre le mammelle,
che tu non vedi, con le trecce sciolte,
e ha di là ogne pilosa pelle, 54

LE ORIGINI DI MANTOVA

Manto fu, che cercò per terre molte;
poscia si puose là dove nacqu' io;
onde un poco mi piace che m'ascolte. 57

Poscia che 'l padre suo di vita uscìo
e venne serva la città di Baco,
questa gran tempo per lo mondo gio. 60

Suso in Italia bella giace un laco,
a piè de l'Alpe che serra Lamagna
sovra Tiralli, c' ha nome Benaco. 63

Per mille fonti, credo, e più si bagna
tra Garda e Val Camonica e Pennino
de l'acqua che nel detto laco stagna. 66

Loco è nel mezzo là dove 'l trentino
pastore e quel di Brescia e 'l veronese
segnar poria, s'e' fesse quel cammino. 69

Siede Peschiera, bello e forte arnese
da fronteggiar Bresciani e Bergamaschi,
ove la riva 'ntorno più discese. 72

Ivi convien che tutto quanto caschi
ciò che 'n grembo a Benaco star non può,
e fassi fiume giù per verdi paschi. 75

Tosto che l'acqua a correr mette co,
non più Benaco, ma Mencio si chiama
fino a Governol, dove cade in Po. 78

Non molto ha corso, ch'el trova una lama,
ne la qual si distende e la 'mpaluda;
e suol di state talor esser grama. 81

Quindi passando la vergine cruda
vide terra, nel mezzo del pantano,
sanza coltura e d'abitanti nuda. 84

Lì, per fuggire ogne consorzio umano,
ristette con suoi servi a far sue arti,
e visse, e vi lasciò suo corpo vano. 87

Li uomini poi che 'ntorno erano sparti
s'accolsero a quel loco, ch'era forte
per lo pantan ch'avea da tutte parti. 90

Fer la città sovra quell'ossa morte;
e per colei che 'l loco prima elesse,
Mantüa l'appellar sanz'altra sorte.   93

Già fuor le genti sue dentro più spesse,
prima che la mattia da Casalodi
da Pinamonte inganno ricevesse.   96

Però t'assenno che, se tu mai odi
originar la mia terra altrimenti,
la verità nulla menzogna frodi".   99

E io: "Maestro, i tuoi ragionamenti
mi son sì certi e prendon sì mia fede,
che li altri mi sarien carboni spenti.   102

Ma dimmi, de la gente che procede,
se tu ne vedi alcun degno di nota;
ché solo a ciò la mia mente rifiede".   105

Allor mi disse: "Quel che da la gota
porge la barba in su le spalle brune,
fu - quando Grecia fu di maschi vòta,   108

sì ch'a pena rimaser per le cune -
augure, e diede 'l punto con Calcanta
in Aulide a tagliar la prima fune.   111

Euripilo ebbe nome, e così 'l canta
l'alta mia tragedìa in alcun loco:
ben lo sai tu che la sai tutta quanta.   114

Quell'altro che ne' fianchi è così poco,
Michele Scotto fu, che veramente
de le magiche frode seppe 'l gioco.   117

Vedi Guido Bonatti; vedi Asdente,
ch'avere inteso al cuoio e a lo spago
ora vorrebbe, ma tardi si pente.   120

Vedi le triste che lasciaron l'ago,
la spuola e 'l fuso, e fecersi 'ndivine;
fecer malie con erbe e con imago. 123

Ma vienne omai, ché già tiene 'l confine
d'amendue li emisperi e tocca l'onda
sotto Sobilia Caino e le spine; 126

e già iernotte fu la luna tonda:
ben ten de' ricordar, ché non ti nocque
alcuna volta per la selva fonda". 129

Sì mi parlava, e andavamo introcque.

QUARTA BOLGIA

IL contrappasso degli INDOVINI

IN VITA
Hanno voluto predirre il futuro

Hanno gettando imbrogliando lo sguardo troppo avanti

CONTRAPPASSO

NELL'INFERNO
Il loro corpo è deturpato con la testa girata indietro

Sono così costretti a camminare al contrario

QUARTA BOLGIA

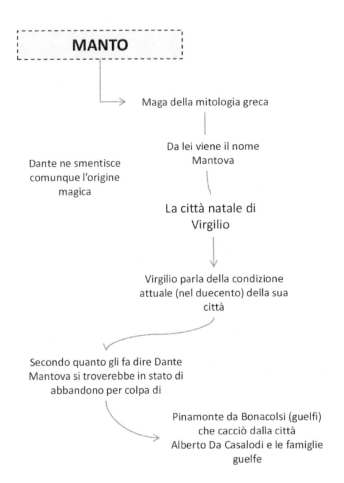

QUARTA BOLGIA

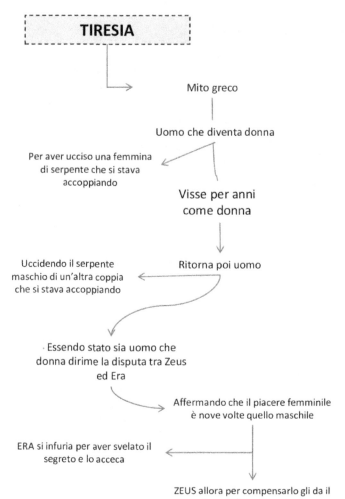

SCHEMATICAMENTE

IL VENTUNESIMO CANTO DELLA DIVINA COMMEDIA

QUINTA BOLGIA DELL'VIII CERCHIO: LE PENE PER I BARATTIERI

Dante e Virgilio sono arrivati sul ponte che sovrasta la V Bolgia in cui, all'interno di un fossato, sono puniti i BARATTIERI. Si tratta di un canto che regala un'infinità di immagini grottesche che si protrarranno anche nel canto XXII.

I BARATTIERI

Si tratta di coloro che hanno commesso durante la vita un abuso della propria posizione, macchiandosi di corruzione. Ora sono condannati a rimanere sotto la pece bollente e sotto le torture dei diavoli MALEBRANCHE, che, armati di bastoni uncinati, li riportano sotto la pece appena questi si alzano. Si tratta di una delle categorie più odiate da Dante.

I MALEBRANCHE

Mentre il poeta cerca di scorgere i dannati tra la pece, si avvicina a loro un diavolo nero dall'aspetto feroce. Egli tiene per le caviglie un dannato e invita i suoi colleghi Malebranche ad aiutarlo a sommergerlo nella pece bollente e a controllare che rimanga sotto. Dante si nasconde, mentre Virgilio va a dialogare con i demoni. Tutti i diavoli si radunano intorno a Virgilio che attraversa con sicurezza il ponte e chiede ad uno di loro di fare da rappresentante. I diavoli eleggono MALACODA e chiedono a Virgilio il motivo di tanta sicurezza. Il poeta dell'Eneide risponde che il suo viaggio è voluto da Dio, pertanto MALACODA interviene intimando ai compagni di non toccarlo.

MALACODA

Virgilio chiede a Dante di raggiungerlo ed egli, non senza timore, obbedisce e si avvicina, mentre i diavoli minacciano di colpirlo. Il poeta fiorentino si avvicina quindi alla sua guida, inquietato dalle presenze circostanti. Malacoda informa i due viaggiatori che non potranno proseguire perché il ponte è crollato il giorno della morte di Cristo e del terremoto che ne conseguì, e propone un sentiero alternativo con la scorta di dieci dei suoi diavoli, che faranno loro da guida.

CANTO VENTUNESIMO

I BARATTIERI

Così di ponte in ponte, altro parlando
che la mia comedìa cantar non cura,
venimmo; e tenavamo 'l colmo, quando   3

restammo per veder l'altra fessura
di Malebolge e li altri pianti vani;
e vidila mirabilmente oscura.   6

Quale ne l'arzanà de' Viniziani
bolle l'inverno la tenace pece
a rimpalmare i legni lor non sani,   9

ché navicar non ponno - in quella vece
chi fa suo legno novo e chi ristoppa
le coste a quel che più vïaggi fece;   12

chi ribatte da proda e chi da poppa;
altri fa remi e altri volge sarte;
chi terzeruolo e artimon rintoppa -:   15

tal, non per foco ma per divin'arte,
bollia là giuso una pegola spessa,
che 'nviscava la ripa d'ogne parte.   18

I' vedea lei, ma non vedëa in essa
mai che le bolle che 'l bollor levava,
e gonfiar tutta, e riseder compressa.   21

Mentr'io là giù fisamente mirava,
lo duca mio, dicendo "Guarda, guarda!",
mi trasse a sé del loco dov'io stava.   24

I MALEBRANCHE

Allor mi volsi come l'uom cui tarda
di veder quel che li convien fuggire
e cui paura sùbita sgagliarda,   27

che, per veder, non indugia 'l partire:
e vidi dietro a noi un diavol nero
correndo su per lo scoglio venire.   30

Ahi quant'elli era ne l'aspetto fero!
e quanto mi parea ne l'atto acerbo,
con l'ali aperte e sovra i piè leggero! 33

L'omero suo, ch'era aguto e superbo,
carcava un peccator con ambo l'anche,
e quei tenea de' piè ghermito 'l nerbo. 36

Del nostro ponte disse: "O Malebranche,
ecco un de li anzïan di Santa Zita!
Mettetel sotto, ch'i' torno per anche 39

a quella terra, che n'è ben fornita:
ogn'uom v'è barattier, fuor che Bonturo;
del no, per li denar, vi si fa ita". 42

Là giù 'l buttò, e per lo scoglio duro
si volse; e mai non fu mastino sciolto
con tanta fretta a seguitar lo furo. 45

Quel s'attuffò, e tornò sù convolto;
ma i demon che del ponte avean coperchio,
gridar: "Qui non ha loco il Santo Volto! 48

qui si nuota altrimenti che nel Serchio!
Però, se tu non vuo' di nostri graffi,
non far sopra la pegola soverchio". 51

Poi l'addentar con più di cento raffi,
disser: "Coverto convien che qui balli,
sì che, se puoi, nascosamente accaffi". 54

Non altrimenti i cuochi a' lor vassalli
fanno attuffare in mezzo la caldaia
la carne con li uncin, perché non galli. 57

VIRGILIO SI RIVOLGE AI MALEBRANCHE

Lo buon maestro "Acciò che non si paia
che tu ci sia", mi disse, "giù t'acquatta
dopo uno scheggio, ch'alcun schermo t'aia; 60

e per nulla offension che mi sia fatta,
non temer tu, ch'i' ho le cose conte,
perch'altra volta fui a tal baratta". 63

Poscia passò di là dal co del ponte;
e com'el giunse in su la ripa sesta,
mestier li fu d'aver sicura fronte. 66

Con quel furore e con quella tempesta
ch'escono i cani a dosso al poverello
che di sùbito chiede ove s'arresta, 69

usciron quei di sotto al ponticello,
e volser contra lui tutt'i runcigli;
ma el gridò: "Nessun di voi sia fello! 72

Innanzi che l'uncin vostro mi pigli,
traggasi avante l'un di voi che m'oda,
e poi d'arruncigliarmi si consigli". 75

Tutti gridaron: "Vada Malacoda!";
per ch'un si mosse - e li altri stetter fermi -
e venne a lui dicendo: "Che li approda?". 78

VIRGILIO PARLA CON MALACODA

"Credi tu, Malacoda, qui vedermi
esser venuto", disse 'l mio maestro,
"sicuro già da tutti vostri schermi, 81

sanza voler divino e fato destro?
Lascian'andar, ché nel cielo è voluto
ch'i' mostri altrui questo cammin silvestro". 84

Allor li fu l'orgoglio sì caduto,
ch'e' si lasciò cascar l'uncino a' piedi,
e disse a li altri: "Omai non sia feruto". 87

DANTE VIENE INTRODOTTO DA VIRGILIO

E 'l duca mio a me: "O tu che siedi
tra li scheggion del ponte quatto quatto,
sicuramente omai a me ti riedi". 90

Per ch'io mi mossi e a lui venni ratto;
e i diavoli si fecer tutti avanti,
sì ch'io temetti ch'ei tenesser patto; 93

così vid'ïo già temer li fanti
ch'uscivan patteggiati di Caprona,
veggendo sé tra nemici cotanti. 96

I' m'accostai con tutta la persona
lungo 'l mio duca, e non torceva li occhi
da la sembianza lor ch'era non buona. 99

Ei chinavan li raffi e "Vuo' che 'l tocchi",
diceva l'un con l'altro, "in sul groppone?".
E rispondien: "Sì, fa che gliel'accocchi". 102

Ma quel demonio che tenea sermone
col duca mio, si volse tutto presto
e disse: "Posa, posa, Scarmiglione!". 105

Poi disse a noi: "Più oltre andar per questo
iscoglio non si può, però che giace
tutto spezzato al fondo l'arco sesto. 108

E se l'andare avante pur vi piace,
andatevene su per questa grotta;
presso è un altro scoglio che via face. 111

Ier, più oltre cinqu' ore che quest'otta,
mille dugento con sessanta sei
anni compié che qui la via fu rotta. 114

Io mando verso là di questi miei
a riguardar s'alcun se ne sciorina;
gite con lor, che non saranno rei". 117

"Tra' ti avante, Alichino, e Calcabrina",
cominciò elli a dire, "e tu, Cagnazzo;
e Barbariccia guidi la decina. 120

Libicocco vegn'oltre e Draghignazzo,
Cirïatto sannuto e Graffiacane
e Farfarello e Rubicante pazzo.   123

Cercate 'ntorno le boglienti pane;
costor sian salvi infino a l'altro scheggio
che tutto intero va sovra le tane".   126

"Omè, maestro, che è quel ch'i' veggio?",
diss'io, "deh, sanza scorta andianci soli,
se tu sa' ir; ch'i' per me non la cheggio.   129

Se tu se' sì accorto come suoli,
non vedi tu ch'e' digrignan li denti
e con le ciglia ne minaccian duoli?".   132

Ed elli a me: "Non vo' che tu paventi;
lasciali digrignar pur a lor senno,
ch'e' fanno ciò per li lessi dolenti".   135

Per l'argine sinistro volta dienno;
ma prima avea ciascun la lingua stretta
coi denti, verso lor duca, per cenno;   138

ed elli avea del cul fatto trombetta.

QUARTA BOLGIA

I DIAVOLI IMBROGLIONI

Malacoda convince i due poeti a farsi guidare nelle malebolge dicendo loro che ci sono dei passaggi (ponti) aperti per proseguire il viaggio.

Si tratta di una bugia che verrà svelata nei canti successivi

È un espediente narrativo per evidenziare la natura irrimediabilmente malvagia dei demoni

Anche quando si offrono di aiutare Dante e Virgilio, sotto sotto c'è un imbroglio

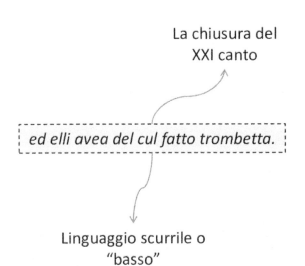

La chiusura del XXI canto

ed elli avea del cul fatto trombetta.

Linguaggio scurrile o "basso"

Perché Dante 'scende' a questo linguaggio?

Dante cambia registro a seconda delle situazioni e del contesto narrativo

UMILE (BASSO)
ELEGIACO
TRAGICO

SCHEMATICAMENTE

IL VENTIDUESIMO CANTO DELLA DIVINA COMMEDIA

ARGINE DELLA V BOLGIA DELL'VIII CERCHIO: I DIAVOLI DEI MALEBRANCHE

Dante e Virgilio camminano scortati da dieci demoni, i Malebranche, mentre Dante cerca di scorgere i peccatori sommersi dalla pece nella Bolgia. Alcuni di questi, per alleviare la loro pena, tirano fuori il dorso dalla pece per poi sprofondare pochi istanti dopo.
I Malebranche, dal canto loro, non risparmiano alcun dolore e continuano a martoriare le anime. Proprio mentre uno dei demoni è intento a torturare un dannato, Virgilio si avvicina per chiedergli chi fosse.

CIAMPÒLO DI NAVARRA

Il dannato dice di essere Ciampòlo di Navarra, figlio di uno scialacquatore suicida. Sostiene di essere stato alla corte del re Tebaldo II, dove si è macchiato di peccati. Il dialogo viene interrotto dalle torture, ma Virgilio riesce a domandargli se con lui ci siano degli italiani, ed egli fa il nome di Frate Gomita, governatore della Gallura e di Michel Zanche, governatore del Logudoro.

LA FURBIZIA DI CIAMPÒLO

Il dannato afferma di poter richiamare i toscani e i lombardi attraverso un segnale convenuto, per permettere ai due viaggiatori di dialogare con loro se lo desiderano, a patto che i demoni stiano un po' indietro. Con L'INGANNO, appena i demoni si sono allontanati, egli si butta nella pece senza dare il tempo ai Malebranche di rincorrerlo. I demoni, arrabbiati, si azzuffano tra di loro e anche Dante e Virgilio ne approfittano per scappare.

IL TEMA DELL'INGANNO

Il tema dell'inganno è ricorrente nel XXI e XXII canto. I barattieri sono considerati come tali, ma anche le figure che si trovano nei due canti utilizzano in qualche modo l'inganno. Malacoda, nel segnalare il crollo del ponte, omette che in realtà il terremoto abbia fatto crollare tutti i ponti. Ciampòlo utilizza l'inganno per sfuggire dalle grinfie dei demoni. I due stessi poeti utilizzano l'inganno per fuggire dai MALEBRANCHE.

CANTO VENTIDUESIMO

DANTE E VIRGILIO PROCEDONO CON I DIAVOLI

Io vidi già cavalier muover campo,
e cominciare stormo e far lor mostra,
e talvolta partir per loro scampo; 3

corridor vidi per la terra vostra,
o Aretini, e vidi gir gualdane,
fedir torneamenti e correr giostra; 6

quando con trombe, e quando con campane,
con tamburi e con cenni di castella,
e con cose nostrali e con istrane; 9

né già con sì diversa cennamella
cavalier vidi muover né pedoni,
né nave a segno di terra o di stella. 12

Noi andavam con li diece demoni.
Ahi fiera compagnia! ma ne la chiesa
coi santi, e in taverna coi ghiottoni. 15

Pur a la pegola era la mia 'ntesa,
per veder de la bolgia ogne contegno
e de la gente ch'entro v'era incesa. 18

Come i dalfini, quando fanno segno
a' marinar con l'arco de la schiena
che s'argomentin di campar lor legno, 21

talor così, ad alleggiar la pena,
mostrav'alcun de' peccatori 'l dosso
e nascondea in men che non balena. 24

E come a l'orlo de l'acqua d'un fosso
stanno i ranocchi pur col muso fuori,
sì che celano i piedi e l'altro grosso, 27

sì stavan d'ogne parte i peccatori;
ma come s'appressava Barbariccia,
così si ritraén sotto i bollori. 30

I' vidi, e anco il cor me n'accapriccia,
uno aspettar così, com'elli 'ncontra
ch'una rana rimane e l'altra spiccia;   33

e Graffiacan, che li era più di contra,
li arrunciglió le 'mpegolate chiome
e trassel sù, che mi parve una lontra.   36

I' sapea già di tutti quanti 'l nome,
sì li notai quando fuorono eletti,
e poi ch'e' si chiamaro, attesi come.   39

"O Rubicante, fa che tu li metti
li unghioni a dosso, sì che tu lo scuoi!",
gridavan tutti insieme i maladetti.   42

E io: "Maestro mio, fa, se tu puoi,
che tu sappi chi è lo sciagurato
venuto a man de li avversari suoi".   45

Lo duca mio li s'accostò allato;
domandollo ond'ei fosse, e quei rispuose:
"I' fui del regno di Navarra nato.   48

Mia madre a servo d'un segnor mi puose,
che m'avea generato d'un ribaldo,
distruggitor di sé e di sue cose.   51

Poi fui famiglia del buon re Tebaldo;
quivi mi misi a far baratteria,
di ch'io rendo ragione in questo caldo".   54

E Ciriatto, a cui di bocca uscia
d'ogne parte una sanna come a porco,
li fé sentir come l'una sdruscia.   57

Tra male gatte era venuto 'l sorco;
ma Barbariccia il chiuse con le braccia
e disse: "State in là, mentr'io lo 'nforco".   60

E al maestro mio volse la faccia;
"Domanda", disse, "ancor, se più disii
saper da lui, prima ch'altri 'l disfaccia". 63

FRATE GOMITA EE MICHEL ZANCHE

Lo duca dunque: "Or dì: de li altri rii
conosci tu alcun che sia latino
sotto la pece?". E quelli: "I' mi partii, 66

poco è, da un che fu di là vicino.
Così foss'io ancor con lui coperto,
ch'i' non temerei unghia né uncino!". 69

E Libicocco "Troppo avem sofferto",
disse; e preseli 'l braccio col runciglio,
sì che, stracciando, ne portò un lacerto. 72

Draghignazzo anco i volle dar di piglio
giuso a le gambe; onde 'l decurio loro
si volse intorno intorno con mal piglio. 75

Quand'elli un poco rappaciati fuoro,
a lui, ch'ancor mirava sua ferita,
domandò 'l duca mio sanza dimoro: 78

"Chi fu colui da cui mala partita
di' che facesti per venire a proda?".
Ed ei rispuose: "Fu frate Gomita, 81

quel di Gallura, vasel d'ogne froda,
ch'ebbe i nemici di suo donno in mano,
e fé sì lor, che ciascun se ne loda. 84

Danar si tolse e lasciolli di piano,
sì com'e' dice; e ne li altri offici anche
barattier fu non picciol, ma sovrano. 87

Usa con esso donno Michel Zanche
di Logodoro; e a dir di Sardigna
le lingue lor non si sentono stanche. 90

Omè, vedete l'altro che digrigna;

i' direi anche, ma i' temo ch'ello
non s'apparecchi a grattarmi la tigna". 93

E 'l gran proposto, vòlto a Farfarello
che stralunava li occhi per fedire,
disse: "Fatti 'n costà, malvagio uccello!". 96

CIAMPOLO INGANNA I DIAVOLI

"Se voi volete vedere o udire",
ricominciò lo spaürato appresso,
"Toschi o Lombardi, io ne farò venire; 99

ma stieno i Malebranche un poco in cesso,
sì ch'ei non teman de le lor vendette;
e io, seggendo in questo loco stesso, 102

per un ch'io son, ne farò venir sette
quand'io suffolerò, com'è nostro uso
di fare allor che fori alcun si mette". 105

Cagnazzo a cotal motto levò 'l muso,
crollando 'l capo, e disse: "Odi malizia
ch'elli ha pensata per gittarsi giuso!". 108

Ond'ei, ch'avea lacciuoli a gran divizia,
rispuose: "Malizioso son io troppo,
quand'io procuro a' mia maggior trestizia". 111

Alichin non si tenne e, di rintoppo
a li altri, disse a lui: "Se tu ti cali,
io non ti verrò dietro di gualoppo, 114

ma batterò sovra la pece l'ali.
Lascisi 'l collo, e sia la ripa scudo,
a veder se tu sol più di noi vali". 117

O tu che leggi, udirai nuovo ludo:
ciascun da l'altra costa li occhi volse,
quel prima, ch'a ciò fare era più crudo. 120

Lo Navarrese ben suo tempo colse;
fermò le piante a terra, e in un punto

saltò e dal proposto lor si sciolse. 123

Di che ciascun di colpa fu compunto,
ma quei più che cagion fu del difetto;
però si mosse e gridò: "Tu se' giunto!". 126

Ma poco i valse: ché l'ali al sospetto
non potero avanzar; quelli andò sotto,
e quei drizzò volando suso il petto: 129

non altrimenti l'anitra di botto,
quando 'l falcon s'appressa, giù s'attuffa,
ed ei ritorna sù crucciato e rotto. 132

Irato Calcabrina de la buffa,
volando dietro li tenne, invaghito
che quei campasse per aver la zuffa; 135

e come 'l barattier fu disparito,
così volse li artigli al suo compagno,
e fu con lui sopra 'l fosso ghermito. 138

Ma l'altro fu bene sparvier grifagno
ad artigliar ben lui, e amendue
cadder nel mezzo del bogliente stagno. 141

Lo caldo sghermitor sùbito fue;
ma però di levarsi era neente,
sì avieno inviscate l'ali sue. 144

Barbariccia, con li altri suoi dolente,
quattro ne fé volar da l'altra costa
con tutt'i raffi, e assai prestamente 147

di qua, di là discesero a la posta;
porser li uncini verso li 'mpaniati,
ch'eran già cotti dentro da la crosta. 150

E noi lasciammo lor così 'mpacciati.

QUINTA BOLGIA

CIAMPOLO DI NAVARRA

Personaggio poco noto

Le uniche informazioni le abbiamo nella Divina Commedia

Non ne è citato il nome ma i commentatori lo hanno individuato indirettamente

*Poi fui famiglia del buon re Tebaldo;
quivi mi misi a far baratteria*

TEBALDO II DI NAVARRA
Vissuto tra il 1233 e il 1270

FOCUS LA SPAGNA NEL XIII SECOLO

La penisola iberica nel duecento è divisa tra vari regni cristiani e i mussulmani del il Regno di Granada

Periodo della reconquista

REGNI CRISTIANI

Finirà nel 1492

ARAGONA
CASTIGLIA
CATALOGNA
LEON
NAVARRA
PORTOGALLO

CIAMPOLO CITA

due personaggi sardi

MICHEL ZANCHE

governatore del Logudoro

Sardo, governò su Torres

FRATE GOMITA

governatore della Gallura

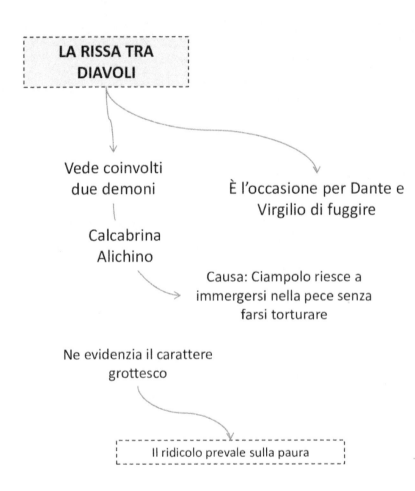

```
                                    Ha una dimensione fisica
                                    L'INGANNO E' NELLA CARNE
                                         ↑
                                        /
            Caratterizza le Malebolge  /
                   /                  /
              In Dante               /
                 ↑                  /
                /                  /
    ┌ ─ ─ ─ ─ ─ ─ ─ ─ ─ ┐         /
    │    IL TEMA        │         /
    │   DELL'INGANNO    │         /
    └ ─ ─ ─ ─ ─ ─ ─ ─ ─ ┘         /
                                  ↓
                        Per questo le pene sono
                        legate alla sofferenza fisica
                        anche più dei gironi
                              precedenti
```

SCHEMATICAMENTE

IL VENTITREESIMO CANTO DELLA DIVINA COMMEDIA

SESTA BOLGIA DELL'OTTAVO CERCHIO. LA PUNIZIONE PER GLI IPOCRITI.

I due avventurieri camminano soli e silenziosi per timore che i Malebranche si possano vendicare per il torto commesso. Neanche il tempo di parlarne che vedono i Malebranche volare verso di loro per cercare di afferrarli. Virgilio allora, come una madre afferra il figlioletto, afferra Dante e lo conduce verso il pendio che porta alla VI Bolgia, in cui i demoni non possono calarsi.

GLI IPOCRITI

Sul fondo della Bolgia si trovano gli IPOCRITI, che indossano delle pesantissime cappe all'apparenza dorate ma in realtà di piombo. Questo li fa camminare con estrema lentezza, al punto tale che diventa difficile stare al loro passo.

Due dannati si avvicinano faticosamente ai viaggiatori. Sono Catalano e Lodernigo, magistrati di Firenze.

CAIFAS

Dante nota un dannato crocifisso e legato a terra. Frate Catalano spiega a Dante che si tratta di CAIFAS, il sacerdote che consigliò il martirio di Cristo. Egli spiega inoltre che il dannato è posizionato a terra in verticale, pertanto viene calpestato da tutti i dannati. Alla stessa pena è condannato anche Anna e gli altri membri del Sinedrio che condannarono Gesù.

L'INGANNO DI MALACODA

Virgilio chiede a Catalano di indicargli una via per uscire dalla Bolgia senza dover nuovamente passare dai Malebranche. L'uomo spiega che al di sopra della VI Bolgia tutti i ponti sono crollati, ma che potranno passare dal pendio del fossato. I viaggiatori si rendono conto che Malacoda, che li aveva fatti risalire facendo intendere che ci fossero dei ponti intatti, li aveva ingannati.

CANTO VENTITREESIMO

DANTE E VIRGILIO FUGGONO DAI DIAVOLI

Taciti, soli, sanza compagnia
n'andavam l'un dinanzi e l'altro dopo,
come frati minor vanno per via. 3

Vòlt'era in su la favola d'Isopo
lo mio pensier per la presente rissa,
dov'el parlò de la rana e del topo; 6

ché più non si pareggia 'mo' e 'issa'
che l'un con l'altro fa, se ben s'accoppia
principio e fine con la mente fissa. 9

E come l'un pensier de l'altro scoppia,
così nacque di quello un altro poi,
che la prima paura mi fé doppia. 12

Io pensava così: 'Questi per noi
sono scherniti con danno e con beffa
sì fatta, ch'assai credo che lor nòi. 15

Se l'ira sovra 'l mal voler s'aggueffa,
ei ne verranno dietro più crudeli
che 'l cane a quella lievre ch'elli acceffa'. 18

Già mi sentia tutti arricciar li peli
de la paura e stava in dietro intento,
quand'io dissi: "Maestro, se non celi 21

te e me tostamente, i' ho pavento
d'i Malebranche. Noi li avem già dietro;
io li 'magino sì, che già li sento". 24

E quei: "S'i' fossi di piombato vetro,
l'imagine di fuor tua non trarrei
più tosto a me, che quella dentro 'mpetro. 27

Pur mo venieno i tuo' pensier tra ' miei,
con simile atto e con simile faccia,

sì che d'intrambi un sol consiglio fei.   30

S'elli è che sì la destra costa giaccia,
che noi possiam ne l'altra bolgia scendere,
noi fuggirem l'imaginata caccia".   33

Già non compié di tal consiglio rendere,
ch'io li vidi venir con l'ali tese
non molto lungi, per volerne prendere.   36

Lo duca mio di sùbito mi prese,
come la madre ch'al romore è desta
e vede presso a sé le fiamme accese,   39

che prende il figlio e fugge e non s'arresta,
avendo più di lui che di sé cura,
tanto che solo una camiscia vesta;   42

e giù dal collo de la ripa dura
supin si diede a la pendente roccia,
che l'un de' lati a l'altra bolgia tura.   45

Non corse mai sì tosto acqua per doccia
a volger ruota di molin terragno,
quand'ella più verso le pale approccia,   48

come 'l maestro mio per quel vivagno,
portandosene me sovra 'l suo petto,
come suo figlio, non come compagno.   51

A pena fuoro i piè suoi giunti al letto
del fondo giù, ch'e' furon in sul colle
sovresso noi; ma non lì era sospetto: 54

ché l'alta provedenza che lor volle
porre ministri de la fossa quinta,
poder di partirs'indi a tutti tolle.   57

LA SESTA BOLGIA: GLI IPOCRITI

Là giù trovammo una gente dipinta
che giva intorno assai con lenti passi,

piangendo e nel sembiante stanca e vinta.   60

Elli avean cappe con cappucci bassi
dinanzi a li occhi, fatte de la taglia
che in Clugnì per li monaci fassi.   63

Di fuor dorate son, sì ch'elli abbaglia;
ma dentro tutte piombo, e gravi tanto,
che Federigo le mettea di paglia.   66

Oh in etterno faticoso manto!
Noi ci volgemmo ancor pur a man manca
con loro insieme, intenti al tristo pianto;   69

ma per lo peso quella gente stanca
venìa sì pian, che noi eravam nuovi
di compagnia ad ogne mover d'anca.   72

INCONTRO CON CATALANO E ODERLINGO

Per ch'io al duca mio: "Fa che tu trovi
alcun ch'al fatto o al nome si conosca,
e li occhi, sì andando, intorno movi".   75

E un che 'ntese la parola tosca,
di retro a noi gridò: "Tenete i piedi,
voi che correte sì per l'aura fosca!   78

Forse ch'avrai da me quel che tu chiedi".
Onde 'l duca si volse e disse: "Aspetta,
e poi secondo il suo passo procedi".   81

Ristetti, e vidi due mostrar gran fretta
de l'animo, col viso, d'esser meco;
ma tardavali 'l carco e la via stretta.   84

Quando fuor giunti, assai con l'occhio bieco
mi rimiraron sanza far parola;
poi si volsero in sé, e dicean seco: 87

"Costui par vivo a l'atto de la gola;
e s'e' son morti, per qual privilegio

vanno scoperti de la grave stola?". 90

Poi disser me: "O Tosco, ch'al collegio
de l'ipocriti tristi se' venuto,
dir chi tu se' non avere in dispregio". 93

E io a loro: "I' fui nato e cresciuto
sovra 'l bel fiume d'Arno a la gran villa,
e son col corpo ch'i' ho sempre avuto. 96

Ma voi chi siete, a cui tanto distilla
quant'i' veggio dolor giù per le guance?
e che pena è in voi che sì sfavilla?". 99

E l'un rispuose a me: "Le cappe rance
son di piombo sì grosse, che li pesi
fan così cigolar le lor bilance. 102

Frati godenti fummo, e bolognesi;
io Catalano e questi Loderingo
nomati, e da tua terra insieme presi 105

come suole esser tolto un uom solingo,
per conservar sua pace; e fummo tali,
ch'ancor si pare intorno dal Gardingo". 108

CAIFAS E ANNA

Io cominciai: "O frati, i vostri mali..." ;
ma più non dissi, ch'a l'occhio mi corse
un, crucifisso in terra con tre pali. 111

Quando mi vide, tutto si distorse,
soffiando ne la barba con sospiri;
e 'l frate Catalan, ch'a ciò s'accorse, 114

mi disse: "Quel confitto che tu miri,
consigliò i Farisei che convenia
porre un uom per lo popolo a' martìri. 117

Attraversato è, nudo, ne la via,
come tu vedi, ed è mestier ch'el senta

qualunque passa, come pesa, pria.   120

E a tal modo il socero si stenta
in questa fossa, e li altri dal concilio
che fu per li Giudei mala sementa".   123

Allor vid'io maravigliar Virgilio
sovra colui ch'era disteso in croce
tanto vilmente ne l'etterno essilio.   126

Poscia drizzò al frate cotal voce:
"Non vi dispiaccia, se vi lece, dirci
s'a la man destra giace alcuna foce   129

onde noi amendue possiamo uscirci,
sanza costrigner de li angeli neri
che vegnan d'esto fondo a dipartirci".   132

Rispuose adunque: "Più che tu non speri
s'appressa un sasso che da la gran cerchia
si move e varca tutt'i vallon feri,   135

salvo che 'n questo è rotto e nol coperchia;
montar potrete su per la ruina,
che giace in costa e nel fondo soperchia".   138

Lo duca stette un poco a testa china;
poi disse: "Mal contava la bisogna
colui che i peccator di qua uncina".   141

E 'l frate: "Io udi' già dire a Bologna
del diavol vizi assai, tra ' quali udi'
ch'elli è bugiardo e padre di menzogna".   144

Appresso il duca a gran passi sen gì,
turbato un poco d'ira nel sembiante;
ond'io da li 'ncarcati mi parti'   147

dietro a le poste de le care piante.

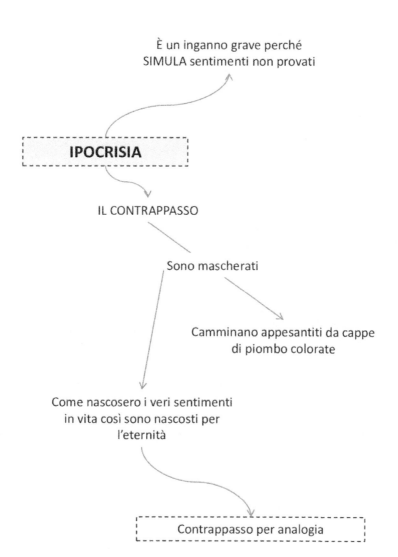

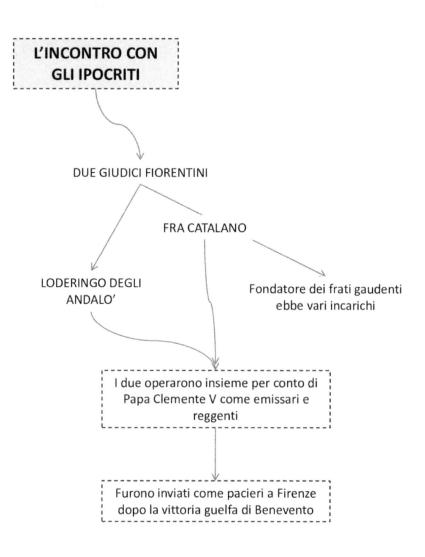

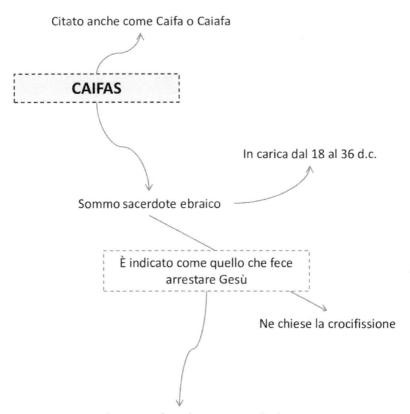

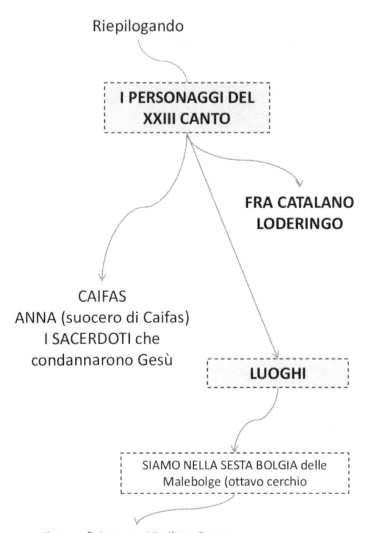

SCHEMATICAMENTE

IL VENTIQUATTRESIMO CANTO DELLA DIVINA COMMEDIA

LA SETTIMA BOLGIA DELL'VIII CERCHIO: LE PENE PER I LADRI

Virgilio è ancora scosso da ciò che gli è stato rivelato da Catalano, ma appena i due raggiungono la rovina del ponte da superare, egli lascia da parte i pensieri per aiutare Dante a risalire il cerchio. Con grande sforzo i due raggiungono la cima dell'argine e Dante si ferma per riposarsi. Virgilio lo rimprovera, intimandogli di proseguire perché si tratta solo di una salita e sarà ben più faticosa la scalata fino al cielo.

I LADRI

Una volta giunti sopra la VII Bolgia si iniziano a sentire parole incomprensibili provenienti dalla Bolgia. I due si spostano nel ponte che li collega alla Bolgia successiva e Dante riesce a mettere a fuoco l'orribile spettacolo: le fosse sono piene di serpenti, diversi tra loro che aggrediscono dannati nudi e terrorizzati. Questi avvolgono i corpi dei colpevoli tenendo loro legano le mani legate dietro la schiena per non consentire di difendersi. Essendosi - in vita - comportati come serpenti e avendo allungato troppo le mani, ora non possono più muoverle e vengono aggrediti dai serpenti.

LA FIGURA DI VANNI FUCCI

Come una Fenice che muore e rinasce ogni cinquecento anni, anche i dannati, dopo essere morsi dai serpenti, diventano cenere per poi assumere nuovamente le sembianze di prima. Dopo aver visto la trasformazione di un dannato, Dante chiede di poterci parlare. È VANNI FUCCI, pistoiese, il quale non risponde volentieri alle domande di Dante per la vergogna. Non potendo però rifiutarsi di rispondere, racconta di aver compiuto il furto degli arredi sacri della sacrestia (del Duomo di Pistoia), per il quale in vita scontano la pena altre persone.

LA PROFEZIA DI VANNI FUCCI

Come in precedenza hanno fatto altri dannati, anche VANNI FUCCI fa una profezia, questa volta riguardante la sconfitta dei Guelfi Bianchi, la fazione di Dante. Pronuncia queste parole affinché Dante non goda per averlo visto tra i dannati e con il chiaro intento di ferirlo. Egli sostiene che prima Pistoia manderà via i Guelfi Neri, poi Firenze caccerà i Guelfi Bianchi e, dopo un'impetuosa tempesta, un fulmine (Malaspina) prenderà il potere lasciando feriti dei Guelfi Bianchi.

LE PROFEZIE DEI DANNATI

Sono quattro i personaggi che fino ad ora raccontano il futuro a Dante e si incentrano sulle vicende politiche. Il primo è CIACCO, che allude alla cacciata dei Bianchi. Il secondo è FARINATA DEGLI UBERTI, che predice la sconfitta nella battaglia della Lastra. Anche l'amico BRUNETTO LATINI lo farà, ma elogiando la sua fama. Infine VANNI FUCCI prevede la presa di Pistoia, l'ultima roccaforte dei Guelfi Bianchi.

In seguito anche MAOMETTO avrà qualcosa da dirgli.

CANTO VENTIQUATTRESIMO

DANTE VIENE CONFORTATO DA VIRGILIO

In quella parte del giovanetto anno
che 'l sole i crin sotto l'Aquario tempra
e già le notti al mezzo dì sen vanno, 3

quando la brina in su la terra assempra
l'imagine di sua sorella bianca,
ma poco dura a la sua penna tempra, 6

lo villanello a cui la roba manca,
si leva, e guarda, e vede la campagna
biancheggiar tutta; ond'ei si batte l'anca, 9

ritorna in casa, e qua e là si lagna,
come 'l tapin che non sa che si faccia;
poi riede, e la speranza ringavagna, 12

veggendo 'l mondo aver cangiata faccia
in poco d'ora, e prende suo vincastro
e fuor le pecorelle a pascer caccia. 15

Così mi fece sbigottir lo mastro
quand'io li vidi sì turbar la fronte,
e così tosto al mal giunse lo 'mpiastro; 18

ché, come noi venimmo al guasto ponte,
lo duca a me si volse con quel piglio
dolce ch'io vidi prima a piè del monte. 21

IL PASSAGGIO ALLA VII BOLGIA

Le braccia aperse, dopo alcun consiglio
eletto seco riguardando prima
ben la ruina, e diedemi di piglio. 24

E come quei ch'adopera ed estima,
che sempre par che 'nnanzi si proveggia,
così, levando me sù ver' la cima 27

d'un ronchione, avvisava un'altra scheggia
dicendo: "Sovra quella poi t'aggrappa;
ma tenta pria s'è tal ch'ella ti reggia". 30

Non era via da vestito di cappa,
ché noi a pena, ei lieve e io sospinto,
potavam sù montar di chiappa in chiappa. 33

E se non fosse che da quel precinto
più che da l'altro era la costa corta,
non so di lui, ma io sarei ben vinto. 36

Ma perché Malebolge inver' la porta
del bassissimo pozzo tutta pende,
lo sito di ciascuna valle porta 39

che l'una costa surge e l'altra scende;
noi pur venimmo al fine in su la punta
onde l'ultima pietra si scoscende. 42

La lena m'era del polmon sì munta
quand'io fui sù, ch'i' non potea più oltre,
anzi m'assisi ne la prima giunta. 45

"Omai convien che tu così ti spoltre",
disse 'l maestro; "ché, seggendo in piuma,
in fama non si vien, né sotto coltre; 48

sanza la qual chi sua vita consuma,
cotal vestigio in terra di sé lascia,
qual fummo in aere e in acqua la schiuma. 51

E però leva sù; vinci l'ambascia
con l'animo che vince ogne battaglia,
se col suo grave corpo non s'accascia. 54

Più lunga scala convien che si saglia;
non basta da costoro esser partito.
Se tu mi 'ntendi, or fa sì che ti vaglia". 57

Leva' mi allor, mostrandomi fornito
meglio di lena ch'i' non mi sentia,
e dissi: "Va, ch'i' son forte e ardito". 60

Su per lo scoglio prendemmo la via,
ch'era ronchioso, stretto e malagevole,
ed erto più assai che quel di pria. 63

Parlando andava per non parer fievole;
onde una voce uscì de l'altro fosso,
a parole formar disconvenevole. 66

Non so che disse, ancor che sovra 'l dosso
fossi de l'arco già che varca quivi;
ma chi parlava ad ire parea mosso. 69

Io era vòlto in giù, ma li occhi vivi
non poteano ire al fondo per lo scuro;
per ch'io: "Maestro, fa che tu arrivi 72

da l'altro cinghio e dismontiam lo muro;
ché, com'i' odo quinci e non intendo,
così giù veggio e neente affiguro". 75

"Altra risposta", disse, "non ti rendo
se non lo far; ché la dimanda onesta
si de' seguir con l'opera tacendo". 78

Noi discendemmo il ponte da la testa
dove s'aggiugne con l'ottava ripa,
e poi mi fu la bolgia manifesta: 81

e vidivi entro terribile stipa
di serpenti, e di sì diversa mena
che la memoria il sangue ancor mi scipa. 84

Più non si vanti Libia con sua rena;
ché se chelidri, iaculi e faree
produce, e cencri con anfisibena, 87

né tante pestilenzie né sì ree
mostrò già mai con tutta l'Etïopia
né con ciò che di sopra al Mar Rosso èe. 90

Tra questa cruda e tristissima copia
corrëan genti nude e spaventate,
sanza sperar pertugio o elitropia: 93

con serpi le man dietro avean legate;
quelle ficcavan per le ren la coda
e 'l capo, ed eran dinanzi aggroppate. 96

INCONTRO CON VANNINO FUCCI

Ed ecco a un ch'era da nostra proda,
s'avventò un serpente che 'l trafisse
là dove 'l collo a le spalle s'annoda. 99

Né O sì tosto mai né I si scrisse,
com'el s'accese e arse, e cener tutto
convenne che cascando divenisse; 102

e poi che fu a terra sì distrutto,
la polver si raccolse per sé stessa
e 'n quel medesmo ritornò di butto. 105

Così per li gran savi si confessa
che la fenice more e poi rinasce,
quando al cinquecentesimo anno appressa; 108

erba né biado in sua vita non pasce,
ma sol d'incenso lagrime e d'amomo,
e nardo e mirra son l'ultime fasce. 111

E qual è quel che cade, e non sa como,
per forza di demon ch'a terra il tira,
o d'altra oppilazion che lega l'omo, 114

quando si leva, che 'ntorno si mira
tutto smarrito de la grande angoscia
ch'elli ha sofferta, e guardando sospira: 117

tal era 'l peccator levato poscia.
Oh potenza di Dio, quant'è severa,
che cotai colpi per vendetta croscia! 120
Lo duca il domandò poi chi ello era;

per ch'ei rispuose: "Io piovvi di Toscana,
poco tempo è, in questa gola fiera.   123

Vita bestial mi piacque e non umana,
sì come a mul ch'i' fui; son Vanni Fucci
bestia, e Pistoia mi fu degna tana".   126

E ïo al duca: "Dilli che non mucci,
e domanda che colpa qua giù 'l pinse;
ch'io 'l vidi omo di sangue e di crucci".   129

E 'l peccator, che 'ntese, non s'infinse,
ma drizzò verso me l'animo e 'l volto,
e di trista vergogna si dipinse;   132

poi disse: "Più mi duol che tu m' hai colto
ne la miseria dove tu mi vedi,
che quando fui de l'altra vita tolto.   135

Io non posso negar quel che tu chiedi;
in giù son messo tanto perch'io fui
ladro a la sagrestia d'i belli arredi,   138

e falsamente già fu apposto altrui.
Ma perché di tal vista tu non godi,
se mai sarai di fuor da' luoghi bui,   141

apri li orecchi al mio annunzio, e odi.
Pistoia in pria d'i Neri si dimagra;
poi Fiorenza rinova gente e modi.   144

Tragge Marte vapor di Val di Magra
ch'è di torbidi nuvoli involuto;
e con tempesta impetüosa e agra   147

sovra Campo Picen fia combattuto;
ond'ei repente spezzerà la nebbia,
sì ch'ogne Bianco ne sarà feruto.   150

E detto l' ho perché doler ti debbia!".

Com'è fatto il basso inferno?

IL PASSAGGIO TRA LA SESTA E LA SETTIMA BOLGIA

Ci da informazioni nuove

Ogni bolgia del basso interno è collegata da ponti alla successiva

Poiché i ponti sono crollati

DANTE E VIRGILIO
Scalano le rocce che separano le bolge

> Non era via da vestito di cappa,
> ché noi a pena, ei lieve e io sospinto,
> potavam sù montar di chiappa in chiappa.

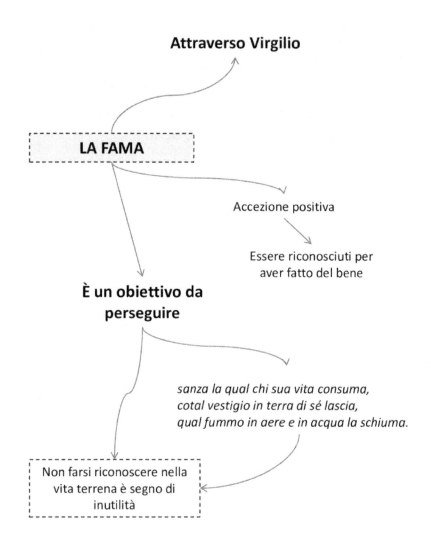

SETTIMA BOLGIA

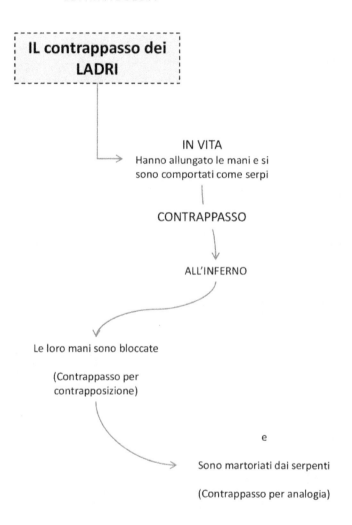

SETTIMA BOLGIA

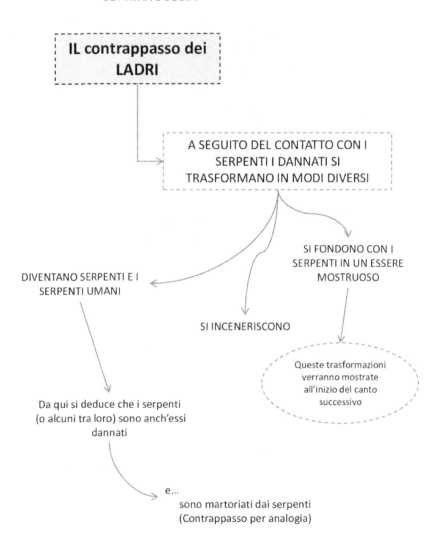

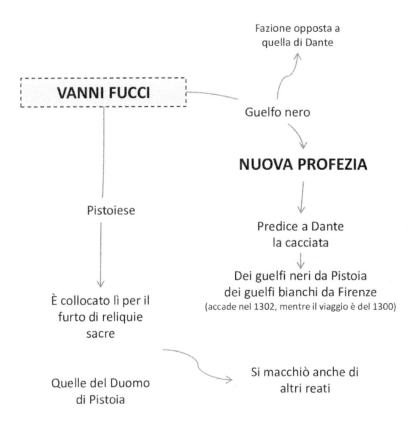

SCHEMATICAMENTE

IL VENTICINQUESIMO CANTO DELLA DIVINA COMMEDIA

SETTIMA BOLGIA DELL'VIII CERCHIO. LE METAMORFOSI DEI LADRI DI FIRENZE

Terminata la sua profezia, VANNI FUCCI si rivolge sfacciatamente a Dio. Subito una serpe gli si avvolge intorno al collo per strozzarlo, mentre un'altra avvolge le sue braccia per impedirgli qualsiasi movimento. Dante definisce il ladro di Pistoia il più superbo che avesse incontrato all'Inferno, per poi scagliare una violenta INVETTIVA CONTRO PISTOIA.

INVETTIVA CONTRO PISTOIA

Il poeta dichiara che Pistoia dovrebbe incenerirsi non solo per essere la patria del superbo dannato, ma anche per la leggenda che vuole che la città sia stata fondata dai superstiti dell'esercito di Catilina. Questo è uno di quei passaggi in cui è evidente il sentimento d'odio che opponeva i vari Comuni del Trecento.

IL CENTAURO CACO

A questo punto VANNI FUCCI riesce a fuggire e viene inseguito da un centauro ricoperto di serpenti e con un drago che sputa fuoco sulle sue spalle. Virgilio lo presenta a Dante come il CENTAURO CACO e spiega perché non si trova assieme agli altri centauri: deve scontare omicidi e furti, come quello ai danni di Ercole, che lo punì uccidendolo.

LE METAMORFOSI DI DANTE

Mentre Virgilio ancora parla, si avvicinano dannati con le sembianze di serpenti. Dante si rivolge al lettore, dicendo che comprende l'incredulità nel credere a ciò che leggerà, lui stesso stenta a crederci.

All'improvviso un serpente si avventa contro l'anima di Agnello Brunelleschi e i due esseri, dopo essersi avvinghiati, si fondono in una sola creatura dalle braccia umane e i piedi di serpente. Poco dopo un altro serpente si avvicina ad un'altra anima, quella di Buoso Donati, lo colpisce e da quel momento il fumo che fuoriesce da entrambi gli esseri si fonde, creando un unico essere. Dante descrive minuziosamente le trasformazioni, tanto complicate da non essere niente in confronto le metamorfosi narrate nella *Pharsalia* di Lucano, così come quelle di Ovidio. Per la prima volta assiste alla trasformazione di due esseri in contemporanea, che prendono le sembianze uno dell'altro. Un dannato e un serpente, posti uno di fronte all'altro, iniziano la loro trasformazione descritta così sapientemente da evocare un'immagine quasi realistica nel lettore.

Lo spirito divenuto serpente scappa, mentre l'altro lo rincorre. Si tratta di Francesco dei Cavalcanti, detto il Guercio.

CANTO VENTICINQUESIMO

VANNINO FUCCI CONTRO DIO

Al fine de le sue parole il ladro
le mani alzò con amendue le fiche,
gridando: "Togli, Dio, ch'a te le squadro!". 3

Da indi in qua mi fuor le serpi amiche,
perch'una li s'avvolse allora al collo,
come dicesse 'Non vo' che più diche'; 6

e un'altra a le braccia, e rilegollo,
ribadendo sé stessa sì dinanzi,
che non potea con esse dare un crollo. 9

Ahi Pistoia, Pistoia, ché non stanzi
d'incenerarti sì che più non duri,
poi che 'n mal fare il seme tuo avanzi? 12

Per tutt'i cerchi de lo 'nferno scuri
non vidi spirto in Dio tanto superbo,
non quel che cadde a Tebe giù da' muri. 15

El si fuggì che non parlò più verbo;
e io vidi un centauro pien di rabbia
venir chiamando: "Ov'è, ov'è l'acerbo?". 18

Maremma non cred'io che tante n'abbia,
quante bisce elli avea su per la groppa
infin ove comincia nostra labbia. 21

Sovra le spalle, dietro da la coppa,
con l'ali aperte li giacea un draco;
e quello affuoca qualunque s'intoppa. 24

Lo mio maestro disse: "Questi è Caco,
che, sotto 'l sasso di monte Aventino,
di sangue fece spesse volte laco. 27

Non va co' suoi fratei per un cammino,
per lo furto che frodolente fece
del grande armento ch'elli ebbe a vicino; 30

onde cessar le sue opere biece
sotto la mazza d'Ercule, che forse
gliene diè cento, e non sentì le diece". 33

Mentre che sì parlava, ed el trascorse,
e tre spiriti venner sotto noi,
de' quai né io né 'l duca mio s'accorse, 36

I LADRI FIORENTINI

se non quando gridar: "Chi siete voi?";
per che nostra novella si ristette,
e intendemmo pur ad essi poi. 39

Io non li conoscea; ma ei seguette,
come suol seguitar per alcun caso,
che l'un nomar un altro convenette, 42

dicendo: "Cianfa dove fia rimaso?";
per ch'io, acciò che 'l duca stesse attento,
mi puosi 'l dito su dal mento al naso. 45

Se tu se' or, lettore, a creder lento
ciò ch'io dirò, non sarà maraviglia,
ché io che 'l vidi, a pena il mi consento. 48

Com'io tenea levate in lor le ciglia,
e un serpente con sei piè si lancia
dinanzi a l'uno, e tutto a lui s'appiglia. 51

Co' piè di mezzo li avvinse la pancia
e con li anterïor le braccia prese;
poi li addentò e l'una e l'altra guancia; 54

li diretani a le cosce distese,
e miseli la coda tra 'mbedue
e dietro per le ren sù la ritese. 57

Ellera abbarbicata mai non fue
ad alber sì, come l'orribil fiera
per l'altrui membra avviticchiò le sue. 60

Poi s'appiccar, come di calda cera

fossero stati, e mischiar lor colore,
né l'un né l'altro già parea quel ch'era: 63

come procede innanzi da l'ardore,
per lo papiro suso, un color bruno
che non è nero ancora e 'l bianco more. 66

Li altri due 'l riguardavano, e ciascuno
gridava: "Omè, Agnel, come ti muti!
Vedi che già non se' né due né uno". 69

Già eran li due capi un divenuti,
quando n'apparver due figure miste
in una faccia, ov'eran due perduti. 72

Fersi le braccia due di quattro liste;
le cosce con le gambe e 'l ventre e 'l casso
divenner membra che non fuor mai viste. 75

Ogne primaio aspetto ivi era casso:
due e nessun l'imagine perversa
parea; e tal sen gio con lento passo. 78

LE METAMORFOSI DEI LADRI

Come 'l ramarro sotto la gran fersa
dei dì canicular, cangiando sepe,
folgore par se la via attraversa, 81

sì pareva, venendo verso l'epe
de li altri due, un serpentello acceso,
livido e nero come gran di pepe; 84

e quella parte onde prima è preso
nostro alimento, a l'un di lor trafisse;
poi cadde giuso innanzi lui disteso. 87

Lo trafitto 'l mirò, ma nulla disse;
anzi, co' piè fermati, sbadigliava
pur come sonno o febbre l'assalisse. 90

Elli 'l serpente e quei lui riguardava;
l'un per la piaga e l'altro per la bocca

fummavan forte, e 'l fummo si scontrava. 93

Taccia Lucano omai là dov'e' tocca
del misero Sabello e di Nasidio,
e attenda a udir quel ch'or si scocca. 96

Taccia di Cadmo e d'Aretusa Ovidio,
ché se quello in serpente e quella in fonte
converte poetando, io non lo 'nvidio; 99

ché due nature mai a fronte a fronte
non trasmutò sì ch'amendue le forme
a cambiar lor matera fosser pronte. 102

Insieme si rispuosero a tai norme,
che 'l serpente la coda in forca fesse,
e 'l feruto ristrinse insieme l'orme. 105

Le gambe con le cosce seco stesse
s'appiccar sì, che 'n poco la giuntura
non facea segno alcun che si paresse. 108

Togliea la coda fessa la figura
che si perdeva là, e la sua pelle
si facea molle, e quella di là dura. 111

Io vidi intrar le braccia per l'ascelle,
e i due piè de la fiera, ch'eran corti,
tanto allungar quanto accorciavan quelle. 114

Poscia li piè di rietro, insieme attorti,
diventaron lo membro che l'uom cela,
e 'l misero del suo n'avea due porti. 117

Mentre che 'l fummo l'uno e l'altro vela
di color novo, e genera 'l pel suso
per l'una parte e da l'altra il dipela, 120

l'un si levò e l'altro cadde giuso,
non torcendo però le lucerne empie,

sotto le quai ciascun cambiava muso.   123

Quel ch'era dritto, il trasse ver' le tempie,
e di troppa matera ch'in là venne
uscir li orecchi de le gote scempie;   126

ciò che non corse in dietro e si ritenne
di quel soverchio, fé naso a la faccia
e le labbra ingrossò quanto convenne.   129

Quel che giacëa, il muso innanzi caccia,
e li orecchi ritira per la testa
come face le corna la lumaccia;   132

e la lingua, ch'avëa unita e presta
prima a parlar, si fende, e la forcuta
ne l'altro si richiude; e 'l fummo resta.   135

L'anima ch'era fiera divenuta,
suffolando si fugge per la valle,
e l'altro dietro a lui parlando sputa.   138

Poscia li volse le novelle spalle,
e disse a l'altro: "I' vo' che Buoso corra,
com' ho fatt'io, carpon per questo calle".   141

Così vid'io la settima zavorra
mutare e trasmutare; e qui mi scusi
la novità se fior la penna abborra.   144

E avvegna che li occhi miei confusi
fossero alquanto e l'animo smagato,
non poter quei fuggirsi tanto chiusi,   147

ch'i' non scorgessi ben Puccio Sciancato;
ed era quel che sol, di tre compagni
che venner prima, non era mutato;   150

l'altr'era quel che tu, Gaville, piagni.

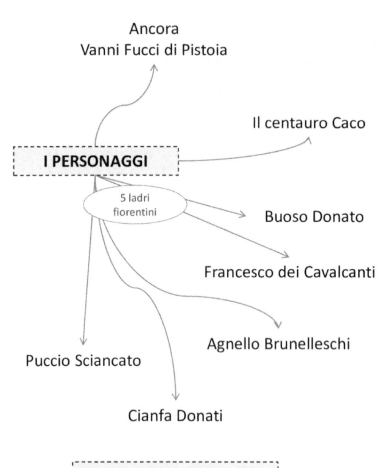

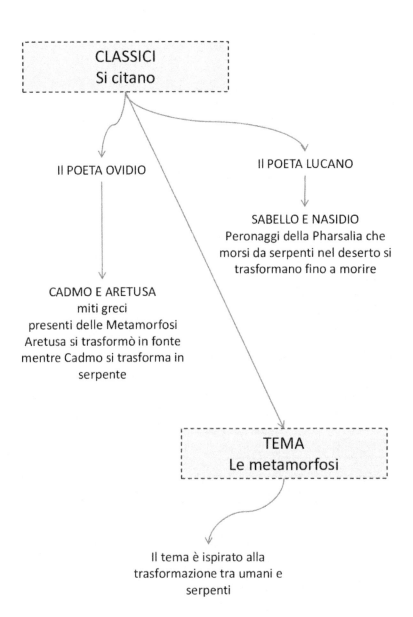

Visto come avversario dallo stesso Dante
(ricordare che per la teoria dei due Soli Dante era favorevole
alla creazione dell'Impero)

è anche stata
fondata da Catilina

INVETTIVA CONTRO PISTOIA

È dalle vicende interne a Pistoia che si
accende rivalità tra guelfi bianchi e
neri

INTERVENTO DI FIRENZE
Nelle dinamiche pistoiesi avrà
riflessi anche dentro Firenze

PER DANTE

I problemi e la sconfitta della sua
fazione (guelfi bianchi) va cercata
anche nella vicenda pistoiese

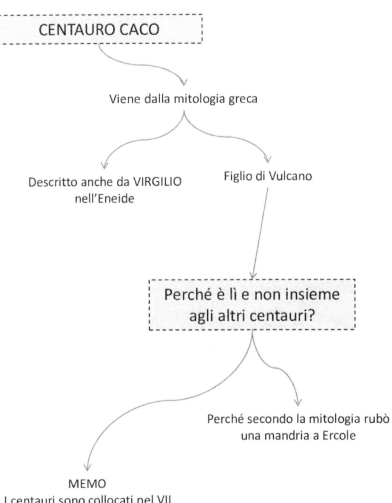

SCHEMATICAMENTE

IL VENTISEIESIMO CANTO DELLA DIVINA COMMEDIA

OTTAVA BOLGIA DELL'VIII CERCHIO. LA PENA PER I CONSIGLIERI FRAUDOLENTI.

Il canto si apre con un'invettiva di Dante nei confronti di Firenze, che in questa parte dell'Inferno lo sta facendo vergognare di essere fiorentino, tanti sono i fiorentini condannati per aver avuto comportamenti inaccettabili in vita. Firenze avrà però quel che si merita e più passerà il tempo più sarà grave il castigo.

I CONSIGLIERI FRAUDOLENTI

Giunti sopra il ponte roccioso che li conduce verso l' VIII Bolgia, i due viaggiatori proseguono il cammino aiutandosi con le mani. Il luogo, simile a quello del contadino quando si riposa sulla collina, permette di vedere perfettamente l'intera Bolgia, in cui si scorgono delle fiamme che si muovono senza dare possibilità di riconoscere i dannati. Si tratta dei CONSIGLIERI FRAUDOLENTI, coloro che in vita utilizzarono a sproposito la lingua, ora vengono inghiottiti da una lingua di fuoco. Tra le tante lingue di fuoco se ne distingue una biforcuta, diversa dalle altre. Dante chiede se si possa parlare con i dannati e Virgilio lo invita a tacere. Ci parlerà lui, perché sono greci e potrebbero non voler parlare con lui.

ULISSE E DIOMEDE

Virgilio chiede ad ULISSE di parlare delle circostanze della propria morte. L'uomo racconta che dopo essersi separato da Circe, al posto di tornare a casa dalla propria famiglia, decise di proseguire il suo viaggio verso la Sardegna, la Spagna e il Marocco. Si mise quindi in viaggio con i suoi compagni fino ad arrivare alle colonne d'Ercole, la parte del mondo in oltre il quale l'uomo non deve procedere. Fu la sete di conoscenza e la voglia di spingersi oltre lo sciibile umano e la volontà divina, a provocarne la morte.

IL NAUFRAGIO DI ULISSE

Ulisse prosegue il suo racconto. Dopo aver superato le colonne d'Ercole gli uomini intravidero il monte del Purgatorio e se ne rallegrarono. L'allegria durò poco, perché presto una tempesta fece capovolgere l'imbarcazione e in poco tempo gli uomini furono sommersi.
La storia di ULISSE raccontata da Dante differisce da quella narrata nell'Odissea, nella quale Ulisse torna a casa dai suoi cari dopo la permanenza dalla maga Circe, non prima di aver intrapreso il viaggio nell'aldilà.

CANTO VENTISEIESIMO

INVETTIVA DI DANTE CONTRO FIRENZE

Godi, Fiorenza, poi che se' sì grande
che per mare e per terra batti l'ali,
e per lo 'nferno tuo nome si spande! 3

Tra li ladron trovai cinque cotali
tuoi cittadini onde mi ven vergogna,
e tu in grande orranza non ne sali. 6

Ma se presso al mattin del ver si sogna,
tu sentirai, di qua da picciol tempo,
di quel che Prato, non ch'altri, t'agogna. 9

E se già fosse, non saria per tempo.
Così foss'ei, da che pur esser dee!
ché più mi graverà, com' più m'attempo. 12

I CONISGLIERI FRAUDOLENTI

Noi ci partimmo, e su per le scalee
che n'avea fatto iborni a scender pria,
rimontò 'l duca mio e trasse mee; 15

e proseguendo la solinga via,
tra le schegge e tra ' rocchi de lo scoglio
lo piè sanza la man non si spedia. 18

Allor mi dolsi, e ora mi ridoglio
quando drizzo la mente a ciò ch'io vidi,
e più lo 'ngegno affreno ch'i' non soglio, 21

perché non corra che virtù nol guidi;
sì che, se stella bona o miglior cosa
m' ha dato 'l ben, ch'io stessi nol m'invidi. 24

Quante 'l villan ch'al poggio si riposa,
nel tempo che colui che 'l mondo schiara
la faccia sua a noi tien meno ascosa, 27

come la mosca cede a la zanzara,
vede lucciole giù per la vallea,
forse colà dov'e' vendemmia e ara: 30

di tante fiamme tutta risplendea
l'ottava bolgia, sì com'io m'accorsi
tosto che fui là 've 'l fondo parea.   33

E qual colui che si vengiò con li orsi
vide 'l carro d'Elia al dipartire,
quando i cavalli al cielo erti levorsi,   36

che nol potea sì con li occhi seguire,
ch'el vedesse altro che la fiamma sola,
sì come nuvoletta, in sù salire: 39

tal si move ciascuna per la gola
del fosso, ché nessuna mostra 'l furto,
e ogne fiamma un peccatore invola.   42

Io stava sovra 'l ponte a veder surto,
sì che s'io non avessi un ronchion preso,
caduto sarei giù sanz'esser urto.   45

E 'l duca, che mi vide tanto atteso,
disse: "Dentro dai fuochi son li spiriti;
catun si fascia di quel ch'elli è inceso".   48

INCONTRO CON ULISSE E DIOMEDE

"Maestro mio", rispuos'io, "per udirti
son io più certo; ma già m'era avviso
che così fosse, e già voleva dirti: 51

chi è 'n quel foco che vien sì diviso
di sopra, che par surger de la pira
dov'Eteòcle col fratel fu miso?".   54

Rispuose a me: "Là dentro si martira
Ulisse e Dïomede, e così insieme
a la vendetta vanno come a l'ira;   57

e dentro da la lor fiamma si geme
l'agguato del caval che fé la porta
onde uscì de' Romani il gentil seme.   60

Piangevisi entro l'arte per che, morta,
Deïdamìa ancor si duol d'Achille,
e del Palladio pena vi si porta". 63

"S'ei posson dentro da quelle faville
parlar", diss'io, "maestro, assai ten priego
e ripriego, che 'l priego vaglia mille, 66

che non mi facci de l'attender niego
fin che la fiamma cornuta qua vegna;
vedi che del disio ver' lei mi piego!". 69

Ed elli a me: "La tua preghiera è degna
di molta loda, e io però l'accetto;
ma fa che la tua lingua si sostegna. 72

Lascia parlare a me, ch'i' ho concetto
ciò che tu vuoi; ch'ei sarebbero schivi,
perch'e' fuor greci, forse del tuo detto". 75

Poi che la fiamma fu venuta quivi
dove parve al mio duca tempo e loco,
in questa forma lui parlare audivi: 78

"O voi che siete due dentro ad un foco,
s'io meritai di voi mentre ch'io vissi,
s'io meritai di voi assai o poco 81

quando nel mondo li alti versi scrissi,
non vi movete; ma l'un di voi dica
dove, per lui, perduto a morir gissi". 84

ULISSE INZIA IL SUO RACCONTO

Lo maggior corno de la fiamma antica
cominciò a crollarsi mormorando,
pur come quella cui vento affatica; 87

indi la cima qua e là menando,
come fosse la lingua che parlasse,
gittò voce di fuori e disse: "Quando 90

mi diparti' da Circe, che sottrasse
me più d'un anno là presso a Gaeta,
prima che sì Enëa la nomasse, 93

né dolcezza di figlio, né la pieta
del vecchio padre, né 'l debito amore
lo qual dovea Penelopè far lieta, 96

vincer potero dentro a me l'ardore
ch'i' ebbi a divenir del mondo esperto
e de li vizi umani e del valore; 99

ma misi me per l'alto mare aperto
sol con un legno e con quella compagna
picciola da la qual non fui diserto. 102

L'un lito e l'altro vidi infin la Spagna,
fin nel Morrocco, e l'isola d'i Sardi,
e l'altre che quel mare intorno bagna. 105

Io e' compagni eravam vecchi e tardi
quando venimmo a quella foce stretta
dov'Ercule segnò li suoi riguardi 108

acciò che l'uom più oltre non si metta;
da la man destra mi lasciai Sibilia,
da l'altra già m'avea lasciata Setta. 111

"O frati," dissi, "che per cento milia
perigli siete giunti a l'occidente,
a questa tanto picciola vigilia 114

d'i nostri sensi ch'è del rimanente
non vogliate negar l'esperïenza,
di retro al sol, del mondo sanza gente. 117

Considerate la vostra semenza:
fatti non foste a viver come bruti,
ma per seguir virtute e canoscenza". 120

Li miei compagni fec'io sì aguti,
con questa orazion picciola, al cammino,
che a pena poscia li avrei ritenuti; 123

e volta nostra poppa nel mattino,
de' remi facemmo ali al folle volo,
sempre acquistando dal lato mancino. 126

Tutte le stelle già de l'altro polo
vedea la notte, e 'l nostro tanto basso,
che non surgëa fuor del marin suolo. 129

LA MORTE DI ULISSE

Cinque volte racceso e tante casso
lo lume era di sotto da la luna,
poi che 'ntrati eravam ne l'alto passo, 132

quando n'apparve una montagna, bruna
per la distanza, e parvemi alta tanto
quanto veduta non avëa alcuna. 135

Noi ci allegrammo, e tosto tornò in pianto;
ché de la nova terra un turbo nacque
e percosse del legno il primo canto. 138

Tre volte il fé girar con tutte l'acque;
a la quarta levar la poppa in suso
e la prora ire in giù, com'altrui piacque, 141

infin che 'l mar fu sovra noi richiuso".

INVETTIVA CONTRO PISTOIA

NEL CANTO PRECEDENTE

INVETTIVA CONTRO FIRENZE

Lo spunto è quello di aver incontrato tanti fiorentini tra i ladri

DANTE AUSPICA UNA PUNIZIONE PER FIRENZE

Perché le frodi commesse sono tante

Si ricordi che Dante fu condannato per baratteria, accusa che il poeta ha sempre considerato falsa

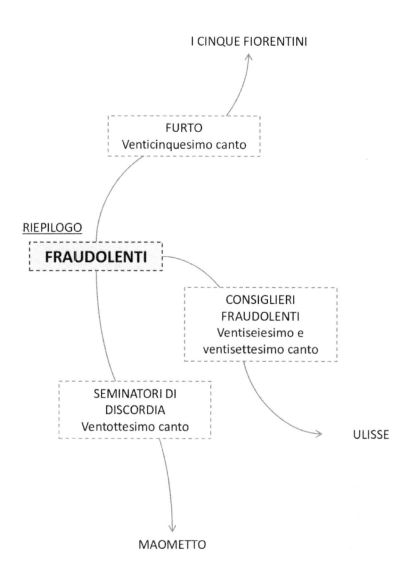

```
┌─────────────────────────┐                    ┌──────────────────────────────┐
│   IL VENTISEIESIMO      │                    │ Occupa circa cinquanta versi │
│   CANTO È CENTRATO      │                    │ che sono tra i più noti e    │
│   SULLA FIGURA DI       │                    │ ricordati della Commedia     │
└─────────────────────────┘                    └──────────────────────────────┘
                    \                         /
                     \                       /
                      ┌──────────────────────┐
                      │       ULISSE         │
                      └──────────────────────┘
                                 │
                      ┌──────────────────────┐
                      │ Tre aspetti fondamentali │
                      └──────────────────────┘
                                /
              1                /
        ┌─────────────────────────────┐
        │ La storia di Ulisse di Dante│
        │ cambia rispetto all'Odissea │
        └─────────────────────────────┘
                         \
                    2     \
               ┌─────────────────────────┐
               │ Per quali peccati Ulisse│
               │ si trova all'Inferno?   │
               └─────────────────────────┘
                              \
                         3     \
                        ┌──────────────────┐
                        │ Che fine fa l'Ulisse│
                        │ di Dante?        │
                        └──────────────────┘

        ┌─────────────────────────────────────────────────┐
        │ I critici concordano sul fatto che Dante non    │
        │ avesse letto direttamente l'Odissea ma l'avesse │
        │ conosciuta attraverso altri scritti e scrittori │
        └─────────────────────────────────────────────────┘
```

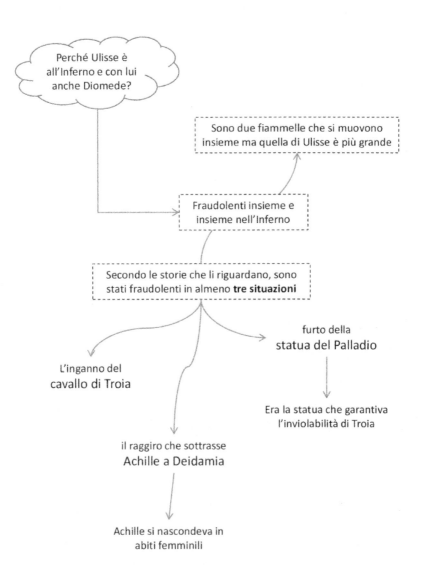

Come cambia la storia dell'Ulisse di Dante rispetto a quello di Omero?

Ulisse trascorre un anno dalla maga Circe e solo le insistenti richieste dei compagni lo convincono a chiedere il permesso di partire

La storia del viaggio di Ulisse cambia dopo aver preso commiato dalla maga Circe

Nell'Odissea
Ulisse perde tutti i compagni di viaggio e torna da solo a casa dove affronta e sconfigge i proci, si ricongiunge a Penelope e abbraccia il figlio Telemaco

In Da nte
Ulisse convince i compagni a proseguire il viaggio per esplorare terre nuove

Oltre le colonne d'Ercole

Fino all'emisfero australe dove arrivano fino ad un'isola che altro non è che il monte del PURGATORIO

Muoiono in mare perché hanno tentato di andare oltre i limiti del mondo umano

Tre volte il fé girar con tutte l'acque;
a la quarta levar la poppa in suso
e la prora ire in giù, com'altrui piacque,
infin che 'l mar fu sovra noi richiuso».

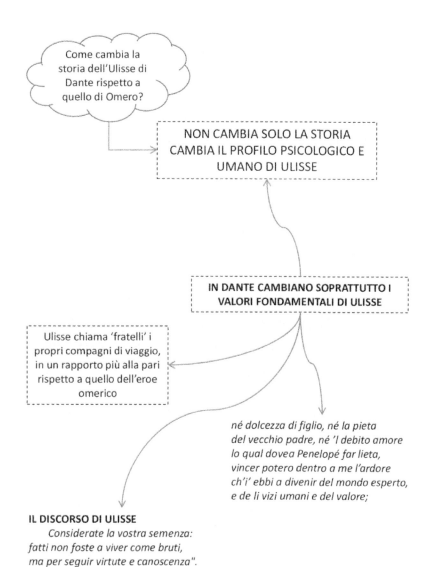

SCHEMATICAMENTE

IL VENITISETTESIMO CANTO DELLA DIVINA COMMEDIA

OTTAVA BOLGIA DELL'VIII CERCHIO, (MALEBOLGE). L'INCONTRO CON GUIDO DA MONTEFELTRO.
Congedato ULISSE, si avvicina ai due poeti un'altra fiamma ed emette dei suoni confusi. Egli chiede di poter parlare con loro perché ha delle domande da fare sulla situazione politica della Romagna, sua terra d'origine. Si tratta di GUIDO DA MONTEFELTRO, politico ghibellino e poi francescano.

LA SITUAZIONE POLITICA DELLA ROMAGNA

Dante racconta che la situazione politica della Romagna non è mai stata tranquilla, ma che in quel momento non ci sono conflitti dichiarati. Ravenna continua ad essere sotto la signoria dei Da Polenta, Forlì è dominata dagli Oderlaffi mentre quelle di Imola e Faenza sono governate da Maghinardo Pagani. Cesena oscilla continuamente tra libertà e tirannia.

GUIDO DA MONTEFELTRO

Soddisfatta la richiesta, anche GUIDO DA MONTEFELTRO si presenta, convinto che anche Dante sia morto e che pertanto non possa tornare sulla terra a riferire ciò che gli sta per dire. Racconta di essere diventato frate nel tentativo di espiare i peccati commessi durante la carriera politica ma di aver incontrato il PAPA BONIFACIO VIII che lo indusse nuovamente al peccato.

IL CONSIGLIO AL PAPA BONIFACIO VIII

GUIDO DA MONTEFELTRO prosegue raccontando che il Papa BONIFACIO VIII, con la promessa di assolverlo da tutti i peccati, gli chiese un consiglio su come prendere la rocca di Palestrina, cristiana. Egli diede quindi il consiglio, anche per paura delle conseguenze, chiedendo in cambio il perdono dei nemici. La promessa non venne mantenuta, perché dopo la sua morte, quando

San Francesco venne a prendere la sua anima, un diavolo si oppose. Non è infatti possibile pentirsi e peccare allo stesso tempo.

Venne quindi portato da Minosse, il quale attorcigliò la coda otto volte e lo fece arrivare nel luogo in cui ancora si trova. Al termine del racconto, Guido si allontana.

CANTO VENTISETTESIMO
DIALOGO CON GUIDO DA MONTEFELTRO

Già era dritta in sù la fiamma e queta
per non dir più, e già da noi sen gia
con la licenza del dolce poeta, 3

quand'un'altra, che dietro a lei venìa,
ne fece volger li occhi a la sua cima
per un confuso suon che fuor n'uscia. 6

Come 'l bue cicilian che mugghiò prima
col pianto di colui, e ciò fu dritto,
che l'avea temperato con sua lima, 9

mugghiava con la voce de l'afflitto,
sì che, con tutto che fosse di rame,
pur el pareva dal dolor trafitto; 12

così, per non aver via né forame
dal principio nel foco, in suo linguaggio
si convertïan le parole grame. 15

Ma poscia ch'ebber colto lor vïaggio
su per la punta, dandole quel guizzo
che dato avea la lingua in lor passaggio, 18

udimmo dire: "O tu a cu' io drizzo
la voce e che parlavi mo lombardo,
dicendo "Istra ten va, più non t'adizzo", 21

perch'io sia giunto forse alquanto tardo,
non t'incresca restare a parlar meco;
vedi che non incresce a me, e ardo! 24

Se tu pur mo in questo mondo cieco
caduto se' di quella dolce terra
latina ond'io mia colpa tutta reco, 27

dimmi se Romagnuoli han pace o guerra;
ch'io fui d'i monti là intra Orbino

e 'l giogo di che Tever si diserra".   30

Io era in giuso ancora attento e chino,
quando il mio duca mi tentò di costa,
dicendo: "Parla tu; questi è latino".   33

E io, ch'avea già pronta la risposta,
sanza indugio a parlare incominciai:
"O anima che se' là giù nascosta,   36

Romagna tua non è, e non fu mai,
sanza guerra ne' cuor de' suoi tiranni;
ma 'n palese nessuna or vi lasciai.   39

Ravenna sta come stata è molt'anni:
l'aguglia da Polenta la si cova,
sì che Cervia ricuopre co' suoi vanni.   42

La terra che fé già la lunga prova
e di Franceschi sanguinoso mucchio,
sotto le branche verdi si ritrova.   45

E 'l mastin vecchio e 'l nuovo da Verrucchio,
che fecer di Montagna il mal governo,
là dove soglion fan d'i denti succhio.   48

Le città di Lamone e di Santerno
conduce il lïoncel dal nido bianco,
che muta parte da la state al verno.   51

E quella cu' il Savio bagna il fianco,
così com'ella sie' tra 'l piano e 'l monte,
tra tirannia si vive e stato franco.   54

Ora chi se', ti priego che ne conte;
non esser duro più ch'altri sia stato,
se 'l nome tuo nel mondo tegna fronte".   57

Poscia che 'l foco alquanto ebbe rugghiato
al modo suo, l'aguta punta mosse

di qua, di là, e poi diè cotal fiato:					60

"S'i' credesse che mia risposta fosse
a persona che mai tornasse al mondo,
questa fiamma staria sanza più scosse;				63

ma però che già mai di questo fondo
non tornò vivo alcun, s'i' odo il vero,
sanza tema d'infamia ti rispondo.					66

Io fui uom d'arme, e poi fui cordigliero,
credendomi, sì cinto, fare ammenda;
e certo il creder mio venìa intero,					69

se non fosse il gran prete, a cui mal prenda!,
che mi rimise ne le prime colpe;
e come e quare, voglio che m'intenda.				72

Mentre ch'io forma fui d'ossa e di polpe
che la madre mi diè, l'opere mie
non furon leonine, ma di volpe.						75

Li accorgimenti e le coperte vie
io seppi tutte, e sì menai lor arte,
ch'al fine de la terra il suono uscie.				78

Quando mi vidi giunto in quella parte
di mia etade ove ciascun dovrebbe
calar le vele e raccoglier le sarte,				81

ciò che pria mi piacëa, allor m'increbbe,
e pentuto e confesso mi rendei;
ahi miser lasso! e giovato sarebbe.					84

L'ACCORDO CON BONIFACIO VIII

Lo principe d'i novi Farisei,
avendo guerra presso a Laterano,
e non con Saracin né con Giudei,					87

ché ciascun suo nimico era cristiano,
e nessun era stato a vincer Acri

né mercatante in terra di Soldano, 90

né sommo officio né ordini sacri
guardò in sé, né in me quel capestro
che solea fare i suoi cinti più macri. 93

Ma come Costantin chiese Silvestro
d'entro Siratti a guerir de la lebbre,
così mi chiese questi per maestro 96

a guerir de la sua superba febbre;
domandommi consiglio, e io tacetti
perché le sue parole parver ebbre. 99

E' poi ridisse: "Tuo cuor non sospetti;
finor t'assolvo, e tu m'insegna fare
sì come Penestrino in terra getti. 102

Lo ciel poss'io serrare e diserrare,
come tu sai; però son due le chiavi
che 'l mio antecessor non ebbe care". 105

Allor mi pinser li argomenti gravi
là 've 'l tacer mi fu avviso 'l peggio,
e dissi: "Padre, da che tu mi lavi 108

di quel peccato ov'io mo cader deggio,
lunga promessa con l'attender corto
ti farà trïunfar ne l'alto seggio". 111

Francesco venne poi, com'io fu' morto,
per me; ma un d'i neri cherubini
li disse: "Non portar; non mi far torto. 114

Venir se ne dee giù tra ' miei meschini
perché diede 'l consiglio frodolente,
dal quale in qua stato li sono a' crini; 117

ch'assolver non si può chi non si pente,
né pentere e volere insieme puossi

per la contradizion che nol consente".   120

Oh me dolente! come mi riscossi
quando mi prese dicendomi: "Forse
tu non pensavi ch'io löico fossi!".   123

A Minòs mi portò; e quelli attorse
otto volte la coda al dosso duro;
e poi che per gran rabbia la si morse,   126

disse: "Questi è d'i rei del foco furo";
per ch'io là dove vedi son perduto,
e sì vestito, andando, mi rancuro".   129

Quand'elli ebbe 'l suo dir così compiuto,
la fiamma dolorando si partio,
torcendo e dibattendo 'l corno aguto.   132

Noi passamm'oltre, e io e 'l duca mio,
su per lo scoglio infino in su l'altr'arco
che cuopre 'l fosso in che si paga il fio   135

a quei che scommettendo acquistan carco.

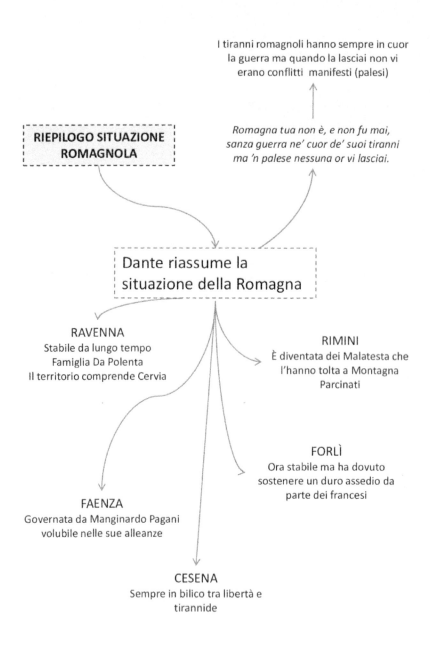

Attraverso Guido da Montefeltro
Dante affronta la questione relativa a

PECCATO E PENTIMENTO

Guido prima di peccare per gli interessi pontifici, chiede a papa Bonifacio VIII l'assoluzione preventiva

Tuttavia questa non lo salva

PERCHÉ?

Perché non ci si può essere indulgenza e remissione preventiva di un peccato
---

Ch'assolver non si può chi non si pente,
Né pentere e volere insieme puossi
Per la contraddizione che nol consente

Attraverso Guido da Montefeltro
Dante lancia

ACCUSE CONTRO BONIFACIO VIII

Fa guerra ad altri cristiani e non agli infedeli

Induce gli altri a peccare e alla dannazione dell'Inferno

Non rispetta gli ordini religiosi, in particolare quello francescano

Palestrina è una cittadina del Lazio, a sud di Roma situata in posizione strategica in età medioevale

LA PRESA DI PALESTRINA

La guerra tra Bonifacio VIII e la famiglia Colonna

La famiglia Colonna era alleata con Filippo il Bello

Portò alla distruzione della cittadina al termine del conflitto 1297-99

EPISODIO CLOU
LO SCHIAFFO DI ANAGNI
Secondo la leggenda fu dato da Sciarra Colonna a Bonifacio

EPISODIO CLOU
Avviene nel 1303 (quindi dopo il viaggio nell'oltretomba che avviene nel 1300)

SCHEMATICAMENTE

IL VENTOTTESIMO CANTO DELLA DIVINA COMMEDIA

LA NONA BOLGIA DELL'VIII CERCHIO. LA PENA PER I SEMINATORI DI DISCORDIE.

Dante apre il canto avvertendo il lettore sul fatto che le parole non riusciranno a descrivere pienamente tutto il sangue e il dolore che ha visto quando si è ritrovato nella nona Bolgia.

LA CONDANNA DI MAOMETTO

Si avvicina un dannato completamente fatto a pezzi. Come una botte, dal suo corpo fuoriescono le interiora. Si presenta come MAOMETTO, spiega che coloro che in vita hanno seminato scandalo e scisma e adesso sono mutilati e incapaci a loro volta di rimanere integri.

Egli chiede poi chi sia Dante e quale colpa abbia commesso per trovarsi all'inferno. Alla risposta di Virgilio, MAOMETTO consiglia al poeta, una volta tornato tra i vivi, di avvisare fra Dolcino a portarsi dietro molti viveri se non vorrà che la fame lo costringa ad arrendersi ai Novaresi che lo assedieranno.

PIER DELLA MEDICINA

Si avvicina ai due poeti PIER DELLA MEDICINA, in parte squarciato. Si presenta a Dante perché anche lui ha qualcosa da chiedere: vorrebbe che il poeta ammonisse Guido del Cassero e Angiolello da Carignano sul fatto che saranno uccisi a Cattolica a causa del tradimento di un tiranno. Il tiranno è Malatestino da Rimini e attirerà i suoi versari in un terribile tranello con la scusa di parlare.

ALTRI SEMINATORI DI DISCORDIE

Dante incontra anche Curione, che si unì a Cesare ai tempi della guerra con Pompeo. Ha la lingua mozzata perché - come Dante stesso ricorda - durante l'abbia l'ha usata parecchio. Si avvicina poi

Mosca dei Lamberti, con le mani mozzate, che decise l'uccisione di un nemico scatenando gravi conseguenze.

Dante assiste infine ad uno spettacolo raccapricciante. Un dannato acefalo che tiene in mano la propria testa. Si tratta di Bertram de Born, che seminò discordia alla corte di Enrico II all'interno della cerchia familiare del re. Egli sconta una pena superiore a quella degli altri perché, come in vita ha diviso le persone, ora il suo cervello è diviso dal midollo spinale.

CANTO VENTOTTESIMO

IX BOLGIA I SEMINATORI DI DISCORDIA

Chi poria mai pur con parole sciolte
dicer del sangue e de le piaghe a pieno
ch'i' ora vidi, per narrar più volte? 3

Ogne lingua per certo verria meno
per lo nostro sermone e per la mente
c' hanno a tanto comprender poco seno. 6

S'el s'aunasse ancor tutta la gente
che già, in su la fortunata terra
di Puglia, fu del suo sangue dolente 9

per li Troiani e per la lunga guerra
che de l'anella fé sì alte spoglie,
come Livïo scrive, che non erra, 12

con quella che sentio di colpi doglie
per contastare a Ruberto Guiscardo;
e l'altra il cui ossame ancor s'accoglie 15

a Ceperan, là dove fu bugiardo
ciascun Pugliese, e là da Tagliacozzo,
dove sanz'arme vinse il vecchio Alardo; 18

e qual forato suo membro e qual mozzo
mostrasse, d'aequar sarebbe nulla
il modo de la nona bolgia sozzo. 21

MAOMETTO

Già veggia, per mezzul perdere o lulla,
com'io vidi un, così non si pertugia,
rotto dal mento infin dove si trulla. 24

Tra le gambe pendevan le minugia;
la corata pareva e 'l tristo sacco
che merda fa di quel che si trangugia. 27

Mentre che tutto in lui veder m'attacco,
guardommi e con le man s'aperse il petto,
dicendo: "Or vedi com'io mi dilacco! 30

vedi come storpiato è Mäometto!
Dinanzi a me sen va piangendo Alì,
fesso nel volto dal mento al ciuffetto. 33

E tutti li altri che tu vedi qui,
seminator di scandalo e di scisma
fuor vivi, e però son fessi così. 36

Un diavolo è qua dietro che n'accisma
sì crudelmente, al taglio de la spada
rimettendo ciascun di questa risma, 39

quand'avem volta la dolente strada;
però che le ferite son richiuse
prima ch'altri dinanzi li rivada. 42

Ma tu chi se' che 'n su lo scoglio muse,
forse per indugiar d'ire a la pena
ch'è giudicata in su le tue accuse?". 45

"Né morte 'l giunse ancor, né colpa 'l mena",
rispuose 'l mio maestro, "a tormentarlo;
ma per dar lui esperïenza piena, 48

a me, che morto son, convien menarlo
per lo 'nferno qua giù di giro in giro;
e quest'è ver così com'io ti parlo". 51

Più fuor di cento che, quando l'udiro,
s'arrestaron nel fosso a riguardarmi
per maraviglia, oblïando il martiro. 54

"Or dì a fra Dolcin dunque che s'armi,
tu che forse vedra' il sole in breve,
s'ello non vuol qui tosto seguitarmi, 57

sì di vivanda, che stretta di neve
non rechi la vittoria al Noarese,
ch'altrimenti acquistar non saria leve". 60

Poi che l'un piè per girsene sospese,
Mäometto mi disse esta parola;
indi a partirsi in terra lo distese. 63

PIER DELLA MEDICINA

Un altro, che forata avea la gola
e tronco 'l naso infin sotto le ciglia,
e non avea mai ch'una orecchia sola, 66

ristato a riguardar per maraviglia
con li altri, innanzi a li altri aprì la canna,
ch'era di fuor d'ogne parte vermiglia, 69

e disse: "O tu cui colpa non condanna
e cu' io vidi in su terra latina,
se troppa simiglianza non m'inganna, 72

rimembriti di Pier da Medicina,
se mai torni a veder lo dolce piano
che da Vercelli a Marcabò dichina. 75

E fa sapere a' due miglior da Fano,
a messer Guido e anco ad Angiolello,
che, se l'antiveder qui non è vano, 78

gittati saran fuor di lor vasello
e mazzerati presso a la Cattolica
per tradimento d'un tiranno fello. 81

Tra l'isola di Cipri e di Maiolica
non vide mai sì gran fallo Nettuno,
non da pirate, non da gente argolica. 84

Quel traditor che vede pur con l'uno,
e tien la terra che tale qui meco
vorrebbe di vedere esser digiuno, 87

farà venirli a parlamento seco;
poi farà sì, ch'al vento di Focara
non sarà lor mestier voto né preco". 90

CURIONE, MOSCA DEI LAMBERTI, BERTRAM DEL BORNIO

E io a lui: "Dimostrami e dichiara,
se vuo' ch'i' porti sù di te novella,
chi è colui da la veduta amara". 93

Allor puose la mano a la mascella
d'un suo compagno e la bocca li aperse,
gridando: "Questi è desso, e non favella. 96

Questi, scacciato, il dubitar sommerse
in Cesare, affermando che 'l fornito
sempre con danno l'attender sofferse". 99

Oh quanto mi pareva sbigottito
con la lingua tagliata ne la strozza
Curïo, ch'a dir fu così ardito! 102

E un ch'avea l'una e l'altra man mozza,
levando i moncherin per l'aura fosca,
sì che 'l sangue facea la faccia sozza, 105

gridò: "Ricordera' ti anche del Mosca,
che disse, lasso!, 'Capo ha cosa fatta',
che fu mal seme per la gente tosca". 108

E io li aggiunsi: "E morte di tua schiatta";
per ch'elli, accumulando duol con duolo,
sen gio come persona trista e matta. 111

Ma io rimasi a riguardar lo stuolo,
e vidi cosa ch'io avrei paura,
sanza più prova, di contarla solo; 114

se non che coscïenza m'assicura,
la buona compagnia che l'uom francheggia
sotto l'asbergo del sentirsi pura. 117

Io vidi certo, e ancor par ch'io 'l veggia,
un busto sanza capo andar sì come
andavan li altri de la trista greggia; 120

e 'l capo tronco tenea per le chiome,
pesol con mano a guisa di lanterna:
e quel mirava noi e dicea: "Oh me!".   123

Di sé facea a sé stesso lucerna,
ed eran due in uno e uno in due;
com'esser può, quei sa che sì governa.   126

Quando diritto al piè del ponte fue,
levò 'l braccio alto con tutta la testa
per appressarne le parole sue,   129

che fuoro: "Or vedi la pena molesta,
tu che, spirando, vai veggendo i morti:
vedi s'alcuna è grande come questa.   132

E perché tu di me novella porti,
sappi ch'i' son Bertram dal Bornio, quelli
che diedi al re giovane i ma' conforti.   135

Io feci il padre e 'l figlio in sé ribelli;
Achitofèl non fé più d'Absalone
e di Davìd coi malvagi punzelli.   138

Perch'io parti' così giunte persone,
partito porto il mio cerebro, lasso!,
dal suo principio ch'è in questo troncone.   141

Così s'osserva in me lo contrapasso".

NONA BOLGIA

```
┌─────────────────────────┐
┊  I contrappasso dei     ┊
┊  SEMINATORI DI          ┊
┊  DISCORDIA              ┊
└─────────────────────────┘
```

IN VITA
Hanno diviso le persone, le comunità, la fede delle persone

CONTRAPPASSO

ALL'INFERNO

I loro corpi sono divisi e lacerati

(Contrappasso per analogia)

Il primo personaggio incontrato
nella NONA BOLGIA è

MAOMETTO

IN VITA
Fu scismatico

La pena che subisce è
orribile e descritta
dettagliatamente

Ancora oggi viene additata come
esempio di intolleranza da parte
dei cristiani

Già veggia, per mezzul perdere o lulla,
com'io vidi un, così non si pertugia,
rotto dal mento infin dove si trulla.

Tra le gambe pendevan le minugia;
la corata pareva e 'l tristo sacco
che merda fa di quel che si trangugia.

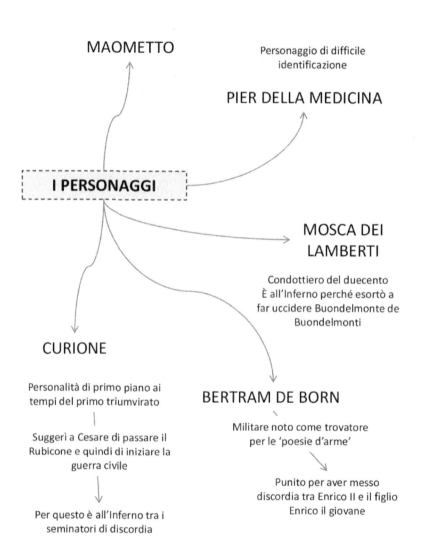

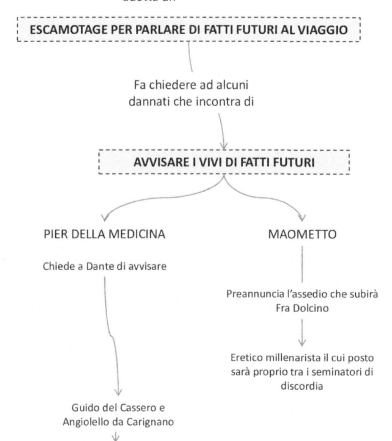

SCHEMATICAMENTE

IL VENTINOVESIMO CANTO DELLA DIVINA COMMEDIA

Nona Bolgia dell' VIII Cerchio e passaggio alla decima. La pena per i falsari.

La visione dei corpi dilaniati ha commosso Dante, che viene rimproverato dalla sua guida ed esortato a proseguire. Egli si giustifica dicendo che era in cerca di un membro della propria famiglia. Virgilio allora racconta che poco prima, mentre egli parlava con il seminatore di discordie, un uomo che rispondeva al nome di GERI DEL BELLO indicava Dante ingiuriosamente.

GERI DEL BELLO

Il familiare che cercava Dante era proprio lui, arrabbiato con il suo parente in vita per non aver vendicato la sua morte. Virgilio invita però il poeta a proseguire verso la parte più alta, sopra l'ultima fossa delle Malebolge, in cui sono puniti i falsari di metalli (GLI ALCHIMISTI).

GLI ALCHIMISTI E GRIFFOLINO D'AREZZO

Dante - per descrivere lo spettacolo che gli para dinnanzi - afferma che non avrebbero emanato lo stesso fetore di cancrena nemmeno tre ospedali messi insieme. Nel fondo sono puniti i falsari di metalli, sono avvinghiati l'uno sull'altro ricoperti di croste e malattie. Dante chiede di parlare con un dannato e incontra Griffolino d'Arezzo, alchimista morto per cause diverse dalla sua pena. Egli infatti disse detto ad Albero da Siena di saper volare ed egli, dopo averlo messo alla prova, lo condannò al rogo.

I SENESI

Dante commenta le parole dell'anima con Virgilio, affermando che i senesi sono un popolo sciocco e frivolo. Un dannato, sentite le sue parole, si avvicina e dichiara di essere Stricca dei Salimbeni e conferma le parole di Dante nominando ironicamente alcune personalità conosciute per le loro spese pazze. Rivela poi di essere Capocchio, alchimista imitatore della natura.

CANTO VENTINOVESIMO

GERI DEL BELLO E LA MORTE NON VENDICATA

La molta gente e le diverse piaghe
avean le luci mie sì inebrïate,
che de lo stare a piangere eran vaghe.　　　　3

Ma Virgilio mi disse: "Che pur guate?
perché la vista tua pur si soffolge
là giù tra l'ombre triste smozzicate?　　　　6

Tu non hai fatto sì a l'altre bolge;
pensa, se tu annoverar le credi,
che miglia ventidue la valle volge.　　　　9

E già la luna è sotto i nostri piedi;
lo tempo è poco omai che n'è concesso,
e altro è da veder che tu non vedi".　　　　12

"Se tu avessi", rispuos'io appresso,
"atteso a la cagion per ch'io guardava,
forse m'avresti ancor lo star dimesso".　　　　15

Parte sen giva, e io retro li andava,
lo duca, già faccendo la risposta,
e soggiugnendo: "Dentro a quella cava　　　　18

dov'io tenea or li occhi sì a posta,
credo ch'un spirto del mio sangue pianga
la colpa che là giù cotanto costa".　　　　21

Allor disse 'l maestro: "Non si franga
lo tuo pensier da qui innanzi sovr'ello.
Attendi ad altro, ed ei là si rimanga;　　　　24

ch'io vidi lui a piè del ponticello
mostrarti e minacciar forte col dito,
e udi' 'l nominar Geri del Bello.　　　　27

Tu eri allor sì del tutto impedito
sovra colui che già tenne Altaforte,

che non guardasti in là, sì fu partito". 30

"O duca mio, la vïolenta morte
che non li è vendicata ancor", diss'io,
"per alcun che de l'onta sia consorte, 33

fece lui disdegnoso; ond'el sen gio
sanza parlarmi, sì com'ïo estimo:
e in ciò m' ha el fatto a sé più pio". 36

Così parlammo infino al loco primo
che de lo scoglio l'altra valle mostra,
se più lume vi fosse, tutto ad imo. 39

GLI ALCHIMISTI

Quando noi fummo sor l'ultima chiostra
di Malebolge, sì che i suoi conversi
potean parere a la veduta nostra, 42

lamenti saettaron me diversi,
che di pietà ferrati avean li strali;
ond'io li orecchi con le man copersi. 45

Qual dolor fora, se de li spedali
di Valdichiana tra 'l luglio e 'l settembre
e di Maremma e di Sardigna i mali 48

fossero in una fossa tutti 'nsembre,
tal era quivi, e tal puzzo n'usciva
qual suol venir de le marcite membre. 51

Noi discendemmo in su l'ultima riva
del lungo scoglio, pur da man sinistra;
e allor fu la mia vista più viva 54

giù ver' lo fondo, là 've la ministra
de l'alto Sire infallibil giustizia
punisce i falsador che qui registra. 57

Non credo ch'a veder maggior tristizia
fosse in Egina il popol tutto infermo,

quando fu l'aere sì pien di malizia,   60

che li animali, infino al picciol vermo,
cascaron tutti, e poi le genti antiche,
secondo che i poeti hanno per fermo,   63

si ristorar di seme di formiche;
ch'era a veder per quella oscura valle
languir li spirti per diverse biche.   66

Qual sovra 'l ventre e qual sovra le spalle
l'un de l'altro giacea, e qual carpone
si trasmutava per lo tristo calle.   69

Passo passo andavam sanza sermone,
guardando e ascoltando li ammalati,
che non potean levar le lor persone.   72

LA PENA DI GRIFFOLINO D'AREZZO

Io vidi due sedere a sé poggiati,
com'a scaldar si poggia tegghia a tegghia,
dal capo al piè di schianze macolati;   75

e non vidi già mai menare stregghia
a ragazzo aspettato dal segnorso,
né a colui che mal volontier vegghia,   78

come ciascun menava spesso il morso
de l'unghie sopra sé per la gran rabbia
del pizzicor, che non ha più soccorso;   81

e sì traevan giù l'unghie la scabbia,
come coltel di scardova le scaglie
o d'altro pesce che più larghe l'abbia.   84

"O tu che con le dita ti dismaglie",
cominciò 'l duca mio a l'un di loro,
"e che fai d'esse talvolta tanaglie,   87

dinne s'alcun Latino è tra costoro
che son quinc'entro, se l'unghia ti basti

etternalmente a cotesto lavoro". 90

"Latin siam noi, che tu vedi sì guasti
qui ambedue", rispuose l'un piangendo;
"ma tu chi se' che di noi dimandasti?". 93

E 'l duca disse: "I' son un che discendo
con questo vivo giù di balzo in balzo,
e di mostrar lo 'nferno a lui intendo". 96

Allor si ruppe lo comun rincalzo;
e tremando ciascuno a me si volse
con altri che l'udiron di rimbalzo. 99

Lo buon maestro a me tutto s'accolse,
dicendo: "Dì a lor ciò che tu vuoli";
e io incominciai, poscia ch'ei volse: 102

"Se la vostra memoria non s'imboli
nel primo mondo da l'umane menti,
ma s'ella viva sotto molti soli, 105

ditemi chi voi siete e di che genti;
la vostra sconcia e fastidiosa pena
di palesarvi a me non vi spaventi". 108

"Io fui d'Arezzo, e Albero da Siena",
rispuose l'un, "mi fé mettere al foco;
ma quel per ch'io mori' qui non mi mena. 111

Vero è ch'i' dissi lui, parlando a gioco:
"I' mi saprei levar per l'aere a volo";
e quei, ch'avea vaghezza e senno poco, 114

volle ch'i' li mostrassi l'arte; e solo
perch'io nol feci Dedalo, mi fece
ardere a tal che l'avea per figliuolo. 117

Ma ne l'ultima bolgia de le diece
me per l'alchìmia che nel mondo usai

dannò Minòs, a cui fallar non lece". 120

CONTRO LA VANITÀ DEI SENESI. CAPOCCHIO

E io dissi al poeta: "Or fu già mai
gente sì vana come la sanese?
Certo non la francesca sì d'assai!". 123

Onde l'altro lebbroso, che m'intese,
rispuose al detto mio: "Tra' mene Stricca
che seppe far le temperate spese, 126

e Niccolò che la costuma ricca
del garofano prima discoverse
ne l'orto dove tal seme s'appicca; 129

e tra' ne la brigata in che disperse
Caccia d'Ascian la vigna e la gran fonda,
e l'Abbagliato suo senno proferse. 132

Ma perché sappi chi sì ti seconda
contra i Sanesi, aguzza ver' me l'occhio,
sì che la faccia mia ben ti risponda: 135

sì vedrai ch'io son l'ombra di Capocchio,
che falsai li metalli con l'alchìmia;
e te dee ricordar, se ben t'adocchio, 138

com'io fui di natura buona scimia".

DECIMA BOLGIA

Dante incrocia ma non parla con un suo parente

GERI DEL BELLO

Dante lo cerca ma Virgilio lo fa desistere dal parlarci

Condannato in vita per rissa e percosse

È collocato tra i seminatori di discordia

È un parente lontano che fu ucciso

Inveisce contro Dante perché non lo ha vendicato

Dante non condanna questa richiesta anzi mostra di comprenderla

Secondo le convinzioni dell'epoca i delitti di familiari andavano vendicati privatamente

«*O duca mio, la violenta morte che non li è vendicata ancor*», diss'io,

Attraverso i figli di Dante sappiamo che tale morte sarà vendicata dopo il 1310

L'omicida è un membro dei Sacchetti

Gli Alighieri e i Sacchetti si pacificheranno infine nel 1342

DECIMA BOLGIA

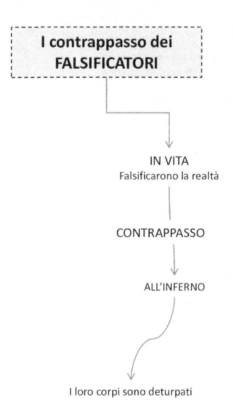

(Contrappasso per analogia)

DECIMA BOLGIA

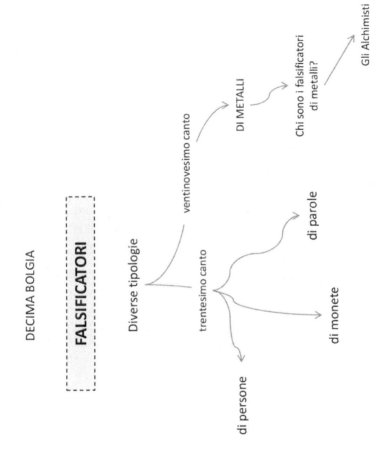

Non è una vera e propria invettiva
(come quella contro Firenze)
prevale l'ironia

È affidata a
CAPOCCHIO DI SIENA

PRESA IN GIRO DEI SENESI

Vengono tacciati di essere
VANITOSI

Vengono citati moltissimi
personaggi della città
tra cui

Stricca e Niccolò Salimbeni
Bartolomeo dei Folcacchieri

Rientra anche nel registro comico
'noir' la morte di
GRIFOLINO D'AREZZO

Si vantò per scherzo di saper volare

Albero di Siena si offese perché lo prese sul
serio e non gli insegnò a farlo

Lo fa condannare al rogo come eretico

SCHEMATICAMENTE

IL TRENTESIMO CANTO DELLA DIVINA COMMEDIA

DECIMA BOLGIA DELL'VIII CERCHIO.

I FALSARI DI PERSONA, DI MONETE, DI PAROLA.

Il canto inizia con due lunghe metafore di Giunone e di Ecuba, madri straziate per la perdita dei propri figli, per descrivere solo in parte il furore delle anime che corrono lungo la decima Bolgia.

I FALSARI DI PERSONA

Griffolino d'Arezzo presenta a Dante i due dannati che si azzuffano davanti a loro, si tratta di Gianni Schicchi e Mirra. Il primo fu un burlone che finse di essere morto per dettare un falso testamento, l'altra si innamorò di suo padre e finse di essere un'altra donna pur di possederlo.

I FALSARI DI MONETE

Il poeta fiorentino scorge un dannato deforme malato di idropisia, che subito si avvicina per presentarsi. Risponde al nome di Mastro Adamo, falsificatore di monete che ha vissuto sempre nell'abbondanza e ora si ritrova a desiderare un goccio d'acqua. La sua pena consiste anche nel pensare costantemente ai luoghi che ha amato e sbuffare per la tristezza. Chiede a Dante di aiutarlo a ritrovare i suoi parenti.

I FALSARI DI PAROLA

Dante chiede quindi a Mastro Adamo chi siano le due persone che bruciano di febbre davanti a loro. Uno di questi sente di essere stato nominato e azzuffa l'altro. Scopre poi che si tratta del greco Sinone che architettò l'inganno del cavallo di Troia e della moglie di Putifarre. Mastro Adamo e Sinone si scambiano battute e insulti con un gioco tipico della poesia popolare al quale Dante sembra interessato e viene per questo rimproverato da Virgilio.

CANTO TRENTESIMO

TRA I FALSARI

Nel tempo che Iunone era crucciata
per Semelè contra 'l sangue tebano,
come mostrò una e altra fïata,   3

Atamante divenne tanto insano,
che veggendo la moglie con due figli
andar carcata da ciascuna mano,   6

gridò: "Tendiam le reti, sì ch'io pigli
la leonessa e ' leoncini al varco";
e poi distese i dispietati artigli,   9

prendendo l'un ch'avea nome Learco,
e rotollo e percosselo ad un sasso;
e quella s'annegò con l'altro carco.   12

E quando la fortuna volse in basso
l'altezza de' Troian che tutto ardiva,
sì che 'nsieme col regno il re fu casso,   15

Ecuba trista, misera e cattiva,
poscia che vide Polissena morta,
e del suo Polidoro in su la riva   18

del mar si fu la dolorosa accorta,
forsennata latrò sì come cane;
tanto il dolor le fé la mente torta.   21

Ma né di Tebe furie né troiane
si vider mäi in alcun tanto crude,
non punger bestie, nonché membra umane,   24

quant'io vidi in due ombre smorte e nude,
che mordendo correvan di quel modo
che 'l porco quando del porcil si schiude.   27

L'una giunse a Capocchio, e in sul nodo
del collo l'assannò, sì che, tirando,

grattar li fece il ventre al fondo sodo. 30

DIALOGO CON GIANNI SCHICCHI

E l'Aretin che rimase, tremando
mi disse: "Quel folletto è Gianni Schicchi,
e va rabbioso altrui così conciando". 33

"Oh", diss'io lui, "se l'altro non ti ficchi
li denti a dosso, non ti sia fatica
a dir chi è, pria che di qui si spicchi". 36

Ed elli a me: "Quell'è l'anima antica
di Mirra scellerata, che divenne
al padre, fuor del dritto amore, amica. 39

Questa a peccar con esso così venne,
falsificando sé in altrui forma,
come l'altro che là sen va, sostenne, 42

per guadagnar la donna de la torma,
falsificare in sé Buoso Donati,
testando e dando al testamento norma". 45

E poi che i due rabbiosi fuor passati
sovra cu' io avea l'occhio tenuto,
rivolsilo a guardar li altri mal nati. 48

INCONTRO CON MASTRO ADAMO

Io vidi un, fatto a guisa di lëuto,
pur ch'elli avesse avuta l'anguinaia
tronca da l'altro che l'uomo ha forcuto. 51

La grave idropesì, che sì dispaia
le membra con l'omor che mal converte,
che 'l viso non risponde a la ventraia, 54

faceva lui tener le labbra aperte
come l'etico fa, che per la sete
l'un verso 'l mento e l'altro in sù rinverte. 57

"O voi che sanz'alcuna pena siete,
e non so io perché, nel mondo gramo",
diss'elli a noi, "guardate e attendete 60

a la miseria del maestro Adamo;
io ebbi, vivo, assai di quel ch'i' volli,
e ora, lasso!, un gocciol d'acqua bramo. 63

Li ruscelletti che d'i verdi colli
del Casentin discendon giuso in Arno,
faccendo i lor canali freddi e molli, 66

sempre mi stanno innanzi, e non indarno,
ché l'imagine lor vie più m'asciuga
che 'l male ond'io nel volto mi discarno. 69

La rigida giustizia che mi fruga
tragge cagion del loco ov'io peccai
a metter più li miei sospiri in fuga. 72

Ivi è Romena, là dov'io falsai
la lega suggellata del Batista;
per ch'io il corpo sù arso lasciai. 75

Ma s'io vedessi qui l'anima trista
di Guido o d'Alessandro o di lor frate,
per Fonte Branda non darei la vista. 78

Dentro c'è l'una già, se l'arrabbiate
ombre che vanno intorno dicon vero;
ma che mi val, c' ho le membra legate? 81

S'io fossi pur di tanto ancor leggero
ch'i' potessi in cent'anni andare un'oncia,
io sarei messo già per lo sentiero, 84

cercando lui tra questa gente sconcia,
con tutto ch'ella volge undici miglia,
e men d'un mezzo di traverso non ci ha. 87

Io son per lor tra sì fatta famiglia;
e' m'indussero a batter li fiorini
ch'avevan tre carati di mondiglia". 90

DUETTO VOLGARE TRA SINONE E MASTRO ADAMO

E io a lui: "Chi son li due tapini
che fumman come man bagnate 'l verno,
giacendo stretti a' tuoi destri confini?".   93

"Qui li trovai - e poi volta non dierno -",
rispuose, "quando piovvi in questo greppo,
e non credo che dieno in sempiterno.   96

L'una è la falsa ch'accusò Gioseppo;
l'altr'è 'l falso Sinon greco di Troia:
per febbre aguta gittan tanto leppo".   99

E l'un di lor, che si recò a noia
forse d'esser nomato sì oscuro,
col pugno li percosse l'epa croia.   102

Quella sonò come fosse un tamburo;
e mastro Adamo li percosse il volto
col braccio suo, che non parve men duro,   105

dicendo a lui: "Ancor che mi sia tolto
lo muover per le membra che son gravi,
ho io il braccio a tal mestiere sciolto".   108

Ond'ei rispuose: "Quando tu andavi
al fuoco, non l'avei tu così presto;
ma sì e più l'avei quando coniavi".   111

E l'idropico: "Tu di' ver di questo:
ma tu non fosti sì ver testimonio
là 've del ver fosti a Troia richesto".   114

"S'io dissi falso, e tu falsasti il conio",
disse Sinon; "e son qui per un fallo,
e tu per più ch'alcun altro demonio!".   117

"Ricorditi, spergiuro, del cavallo",
rispuose quel ch'avëa infiata l'epa;
"e sieti reo che tutto il mondo sallo!".   120

"E te sia rea la sete onde ti crepa",

disse 'l Greco, "la lingua, e l'acqua marcia
che 'l ventre innanzi a li occhi sì t'assiepa!".　　　　123

Allora il monetier: "Così si squarcia
la bocca tua per tuo mal come suole;
ché, s'i' ho sete e omor mi rinfarcia,　　　　126

tu hai l'arsura e 'l capo che ti duole,
e per leccar lo specchio di Narcisso,
non vorresti a 'nvitar molte parole".　　　　129

Ad ascoltarli er'io del tutto fisso,
quando 'l maestro mi disse: "Or pur mira,
che per poco che teco non mi risso!".　　　　132

Quand'io 'l senti' a me parlar con ira,
volsimi verso lui con tal vergogna,
ch'ancor per la memoria mi si gira.　　　　135

Qual è colui che suo dannaggio sogna,
che sognando desidera sognare,
sì che quel ch'è, come non fosse, agogna,　　　　138

tal mi fec'io, non possendo parlare,
che disïava scusarmi, e scusava
me tuttavia, e nol mi credea fare.　　　　141

"Maggior difetto men vergogna lava",
disse 'l maestro, "che 'l tuo non è stato;
però d'ogne trestizia ti disgrava.　　　　144

E fa ragion ch'io ti sia sempre allato,
se più avvien che fortuna t'accoglia
dove sien genti in simigliante piato:　　　　147

ché voler ciò udire è bassa voglia".

Ricorditi, spergiuro, del cavallo»,
rispuose quel ch'avea infiata l'epa;
«e sieti reo che tutto il mondo sallo!».

MASTRO ADAMO

«E te sia rea la sete onde ti crepa»,
disse 'l Greco, «la lingua, e l'acqua marcia
che 'l ventre innanzi a li occhi sì t'assiepa!».

SINONE

DUETTO DI POESIA POPOLARE

Per quanto le pene dei dannati
siano tremende

In questi canti prevale il comico

SCHEMATICAMENTE

IL TRENTUNESIMO CANTO DELLA DIVINA COMMEDIA

VERSO IL IX CERCHIO. IL POZZO DEI GIGANTI.

I due voltano le spalle alle Malebolge e procedono verso il XI Cerchio, quando improvvisamente sentono suonare un corno. Dante scorge ciò che sembrano delle torri, ma Virgilio avverte che nell'oscurità si possono vedere cose sbagliate. Non si tratta di torri ma di GIGANTI.

I GIGANTI

Quando i due viaggiatori si avvicinano, Dante scopre che questi esseri mostruosi sono inseriti nella roccia fino alla vita. Si avvicina ad uno di questi, Nembrod, il quale si rivolge a loro con parole sconosciute. Come Virgilio spiega, egli è colpevole di aver architettato la Torre di Babele e per questo nel mondo si parlano lingue diverse e non ci si capisce. Per contrappasso nessuno capisce la sua lingua nell'aldilà.

IL GIGANTE FIALTE

Proseguendo il cammino i due poeti incontrano un gigante ancora più grande ed incatenato. Virgilio spiega che lui è Fialte, colui che ha voluto sfidare Giove unendosi alla protesta dei giganti contro gli dei. Ha una forza sovrumana e provoca un terremoto che spaventa Dante, rassicurato solo dal fatto che sia legato.

IL GIGANTE ANTEO

I due si avvicinano ad ANTEO e Virgilio chiede con rispetto se possa fargli il favore di aiutarli a raggiungere il lago Cocito ghiacciato, in cambio di alcuni versi che ne avrebbero messo in luce la fama e le gesta. Anteo distende subito le mani e trasporta i due poeti sul fondo dell'inferno.

CANTO TRENTUNESIMO

DALLE MALEBOLGE AL NONO CERCHIO

Una medesma lingua pria mi morse,
sì che mi tinse l'una e l'altra guancia,
e poi la medicina mi riporse;   3

così od'io che solea far la lancia
d'Achille e del suo padre esser cagione
prima di trista e poi di buona mancia.   6

Noi demmo il dosso al misero vallone
su per la ripa che 'l cinge dintorno,
attraversando sanza alcun sermone.   9

Quiv'era men che notte e men che giorno,
sì che 'l viso m'andava innanzi poco;
ma io senti' sonare un alto corno,   12

tanto ch'avrebbe ogne tuon fatto fioco,
che, contra sé la sua via seguitando,
dirizzò li occhi miei tutti ad un loco.   15

Dopo la dolorosa rotta, quando
Carlo Magno perdé la santa gesta,
non sonò sì terribilmente Orlando.   18

Poco portäi in là volta la testa,
che me parve veder molte alte torri;
ond'io: "Maestro, dì, che terra è questa?".   21

Ed elli a me: "Però che tu trascorri
per le tenebre troppo da la lungi,
avvien che poi nel maginare abborri.   24

Tu vedrai ben, se tu là ti congiungi,
quanto 'l senso s'inganna di lontano;
però alquanto più te stesso pungi".   27

Poi caramente mi prese per mano
e disse: "Pria che noi siam più avanti,

acciò che 'l fatto men ti paia strano, 30

sappi che non son torri, ma giganti,
e son nel pozzo intorno da la ripa
da l'umbilico in giuso tutti quanti". 33

I GIGANTI, NEMBROD

Come quando la nebbia si dissipa,
lo sguardo a poco a poco raffigura
ciò che cela 'l vapor che l'aere stipa, 36

così forando l'aura grossa e scura,
più e più appressando ver' la sponda,
fuggiemi errore e cresciemi paura; 39

però che, come su la cerchia tonda
Montereggion di torri si corona,
così la proda che 'l pozzo circonda 42

torreggiavan di mezza la persona
li orribili giganti, cui minaccia
Giove del cielo ancora quando tuona. 45

E io scorgeva già d'alcun la faccia,
le spalle e 'l petto e del ventre gran parte,
e per le coste giù ambo le braccia. 48

Natura certo, quando lasciò l'arte
di sì fatti animali, assai fé bene
per tòrre tali essecutori a Marte. 51

E s'ella d'elefanti e di balene
non si pente, chi guarda sottilmente,
più giusta e più discreta la ne tene; 54

ché dove l'argomento de la mente
s'aggiugne al mal volere e a la possa,
nessun riparo vi può far la gente. 57

La faccia sua mi parea lunga e grossa
come la pina di San Pietro a Roma,

e a sua proporzione eran l'altre ossa; 60

sì che la ripa, ch'era perizoma
dal mezzo in giù, ne mostrava ben tanto
di sovra, che di giugnere a la chioma 63

tre Frison s'averien dato mal vanto;
però ch'i' ne vedea trenta gran palmi
dal loco in giù dov'omo affibbia 'l manto. 66

LE PAROLE INCOMPRENSIBILI DEL GIGANTE

"Raphèl maì amècche zabì almi",
cominciò a gridar la fiera bocca,
cui non si convenia più dolci salmi. 69

E 'l duca mio ver' lui: "Anima sciocca,
tienti col corno, e con quel ti disfoga
quand'ira o altra passïon ti tocca! 72

Cércati al collo, e troverai la soga
che 'l tien legato, o anima confusa,
e vedi lui che 'l gran petto ti doga". 75

Poi disse a me: "Elli stessi s'accusa;
questi è Nembrotto per lo cui mal coto
pur un linguaggio nel mondo non s'usa. 78

Lasciànlo stare e non parliamo a vòto;
ché così è a lui ciascun linguaggio
come 'l suo ad altrui, ch'a nullo è noto". 81

INCONTRO CON FIALTE

Facemmo adunque più lungo vïaggio,
vòlti a sinistra; e al trar d'un balestro
trovammo l'altro assai più fero e maggio. 84

A cigner lui qual che fosse 'l maestro,
non so io dir, ma el tenea soccinto
dinanzi l'altro e dietro il braccio destro 87

d'una catena che 'l tenea avvinto
dal collo in giù, sì che 'n su lo scoperto
si ravvolgëa infino al giro quinto. 90

"Questo superbo volle esser esperto
di sua potenza contra 'l sommo Giove",
disse 'l mio duca, "ond'elli ha cotal merto. 93

Fïalte ha nome, e fece le gran prove
quando i giganti fer paura a' dèi;
le braccia ch'el menò, già mai non move". 96

E io a lui: "S'esser puote, io vorrei
che de lo smisurato Brïareo
esperïenza avesser li occhi mei". 99

Ond'ei rispuose: "Tu vedrai Anteo
presso di qui che parla ed è disciolto,
che ne porrà nel fondo d'ogne reo. 102

Quel che tu vuo' veder, più là è molto
ed è legato e fatto come questo,
salvo che più feroce par nel volto". 105

Non fu tremoto già tanto rubesto,
che scotesse una torre così forte,
come Fïalte a scuotersi fu presto. 108

Allor temett'io più che mai la morte,
e non v'era mestier più che la dotta,
s'io non avessi viste le ritorte. 111

IL GIGANTE ANTEO

Noi procedemmo più avante allotta,
e venimmo ad Anteo, che ben cinque alle,
sanza la testa, uscia fuor de la grotta. 114

"O tu che ne la fortunata valle
che fece Scipïon di gloria reda,
quand'Anibàl co' suoi diede le spalle, 117

recasti già mille leon per preda,
e che, se fossi stato a l'alta guerra
de' tuoi fratelli, ancor par che si creda 120

ch'avrebber vinto i figli de la terra:
mettine giù, e non ten vegna schifo,
dove Cocito la freddura serra. 123

Non ci fare ire a Tizio né a Tifo:
questi può dar di quel che qui si brama;
però ti china e non torcer lo grifo. 126

Ancor ti può nel mondo render fama,
ch'el vive, e lunga vita ancor aspetta
se 'nnanzi tempo grazia a sé nol chiama". 129

Così disse 'l maestro; e quelli in fretta
le man distese, e prese 'l duca mio,
ond'Ercule sentì già grande stretta. 132

Virgilio, quando prender si sentio,
disse a me: "Fatti qua, sì ch'io ti prenda";
poi fece sì ch'un fascio era elli e io. 135

Qual pare a riguardar la Carisenda
sotto 'l chinato, quando un nuvol vada
sovr'essa sì, ched ella incontro penda: 138

tal parve Antëo a me che stava a bada
di vederlo chinare, e fu tal ora
ch'i' avrei voluto ir per altra strada. 141

Ma lievemente al fondo che divora
Lucifero con Giuda, ci sposò;
né, sì chinato, lì fece dimora, 144

e come albero in nave si levò.

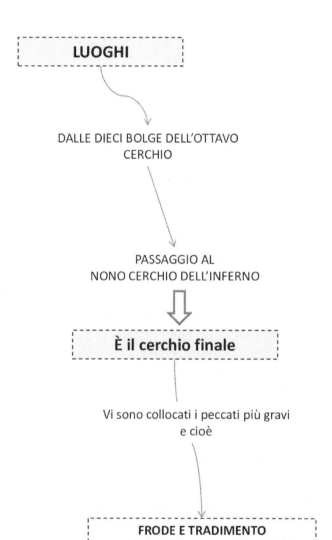

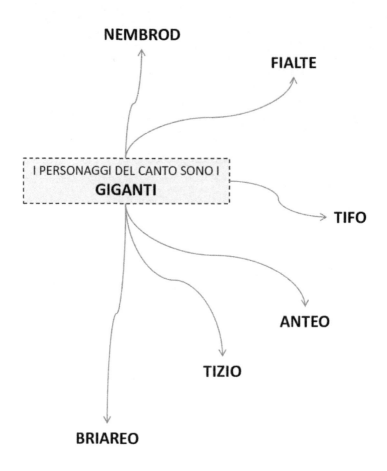

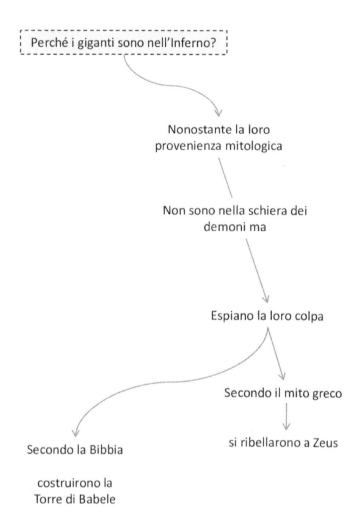

SCHEMATICAMENTE

IL TRENTADUESIMO CANTO DELLA DIVINA COMMEDIA

PRIMA E SECONDA ZONA DEL IX CERCHIO.

LA CAINA, IN CUI SONO PUNITI I TRADITORI DEI PARENTI E L'ANTENORA, DOVE CI SONO I TRADITORI DELLA PATRIA.

Dante invoca l'aiuto delle muse per descrivere nono Cerchio, perché non ritiene il suo stile adeguato. I due camminano sulla superficie del Cocito fino a quando sentono i lamenti di un dannato. Dante si accorge allora che, in mezzo alla spessa lastra di ghiaccio che avvolge il Cocito, ci sono i TRADITORI DEI PARENTI. Sono rivolti con il capo verso il basso e ad alcuni mancano degli organi.

I TRADITORI DEI PARENTI

Dante si rivolge ai dannati che si trova vicino ma questi non riescono a parlare perché piangono e si ghiacciano le lacrime nei loro occhi. Un dannato interviene dicendo che loro sono i figli di Alberto di Magnolia. Poco più avanti c'è Mondrec, sconfitto da Re Artù, Vanni de'Cancellieri, Sassolo Mascheroni e colui che parla è Camicione de'Pazzi.

I TRADITORI DELLA PATRIA

Quando i due poeti procedono verso il centro addentrandosi nell'Antenora trovano i TRADITORI DELLA PATRIA. Si accorgono di loro perché - ancora una volta - uno di essi si lamenta per essere stato calpestato e accusa Dante di non aver vendicato il tradimento di Montaperti. Non si vuole però rivelare e questo fa arrabbiare Dante al punto da strappargli tutti i capelli per farlo parlare, salvo poi scoprire che si tratta di Bocca degli Abati.

I DUE DANNATI CHE SI ADDENTANO

Dopo essersi allontanati da Bocca degli Abati e aver sentito alcuni nomi di anime che scontano la loro pena sotto il ghiaccio, Dante avvista due dannati avvinghiati, in cui uno morde la testa dell'altro. Si avvicina a loro chiedendo la ragione di questa terribile pena promettendo di rendergli giustizia nel mondo dei vivi.

CANTO TRENTADUESIMO

DANTE TORNA AD INVOCARE LE MUSE

S'ïo avessi le rime aspre e chiocce,
come si converrebbe al tristo buco
sovra 'l qual pontan tutte l'altre rocce,   3

io premerei di mio concetto il suco
più pienamente; ma perch'io non l'abbo,
non sanza tema a dicer mi conduco;   6

ché non è impresa da pigliare a gabbo
discriver fondo a tutto l'universo,
né da lingua che chiami mamma o babbo.   9

Ma quelle donne aiutino il mio verso
ch'aiutaro Anfïone a chiuder Tebe,
sì che dal fatto il dir non sia diverso.   12

Oh sovra tutte mal creata plebe
che stai nel loco onde parlare è duro,
mei foste state qui pecore o zebe!   15

NELLA ZONA CAINA (TRADITORI DI PARENTI)

Come noi fummo giù nel pozzo scuro
sotto i piè del gigante assai più bassi,
e io mirava ancora a l'alto muro,   18

dicere udi' mi: "Guarda come passi:
va sì, che tu non calchi con le piante
le teste de' fratei miseri lassi".   21

Per ch'io mi volsi, e vidimi davante
e sotto i piedi un lago che per gelo
avea di vetro e non d'acqua sembiante.   24

Non fece al corso suo sì grosso velo
di verno la Danoia in Osterlicchi,
né Tanaï là sotto 'l freddo cielo,   27

com'era quivi; che se Tambernicchi
vi fosse sù caduto, o Pietrapana,
non avria pur da l'orlo fatto cricchi.   30

E come a gracidar si sta la rana
col muso fuor de l'acqua, quando sogna
di spigolar sovente la villana, 33

livide, insin là dove appar vergogna
eran l'ombre dolenti ne la ghiaccia,
mettendo i denti in nota di cicogna. 36

Ognuna in giù tenea volta la faccia;
da bocca il freddo, e da li occhi il cor tristo
tra lor testimonianza si procaccia. 39

Quand'io m'ebbi dintorno alquanto visto,
volsimi a' piedi, e vidi due sì stretti,
che 'l pel del capo avieno insieme misto. 42

"Ditemi, voi che sì strignete i petti",
diss'io, "chi siete?". E quei piegaro i colli;
e poi ch'ebber li visi a me eretti, 45

li occhi lor, ch'eran pria pur dentro molli,
gocciar su per le labbra, e 'l gelo strinse
le lagrime tra essi e riserrolli. 48

Con legno legno spranga mai non cinse
forte così; ond'ei come due becchi
cozzaro insieme, tanta ira li vinse. 51

E un ch'avea perduti ambo li orecchi
per la freddura, pur col viso in giùe,
disse: "Perché cotanto in noi ti specchi? 54

Se vuoi saper chi son cotesti due,
la valle onde Bisenzo si dichina
del padre loro Alberto e di lor fue. 57

D'un corpo usciro; e tutta la Caina
potrai cercare, e non troverai ombra
degna più d'esser fitta in gelatina: 60

non quelli a cui fu rotto il petto e l'ombra
con esso un colpo per la man d'Artù;
non Focaccia; non questi che m'ingombra 63

col capo sì, ch'i' non veggio oltre più,
e fu nomato Sassol Mascheroni;
se tosco se', ben sai omai chi fu. 66

E perché non mi metti in più sermoni,
sappi ch'i' fu' il Camiscion de' Pazzi;
e aspetto Carlin che mi scagioni". 69

NELLA ZONA ANTENORA (TRADITORI DI PATRIA)

Poscia vid'io mille visi cagnazzi
fatti per freddo; onde mi vien riprezzo,
e verrà sempre, de' gelati guazzi. 72

E mentre ch'andavamo inver' lo mezzo
al quale ogne gravezza si rauna,
e io tremava ne l'etterno rezzo; 75

se voler fu o destino o fortuna,
non so; ma, passeggiando tra le teste,
forte percossi 'l piè nel viso ad una. 78

Piangendo mi sgridò: "Perché mi peste?
se tu non vieni a crescer la vendetta
di Montaperti, perché mi moleste?". 81

E io: "Maestro mio, or qui m'aspetta,
sì ch'io esca d'un dubbio per costui;
poi mi farai, quantunque vorrai, fretta". 84

Lo duca stette, e io dissi a colui
che bestemmiava duramente ancora:
"Qual se' tu che così rampogni altrui?". 87

"Or tu chi se' che vai per l'Antenora,
percotendo", rispuose, "altrui le gote,
sì che, se fossi vivo, troppo fora?". 90

"Vivo son io, e caro esser ti puote",
fu mia risposta, "se dimandi fama,
ch'io metta il nome tuo tra l'altre note".　　　　　93

Ed elli a me: "Del contrario ho io brama.
Lèvati quinci e non mi dar più lagna,
ché mal sai lusingar per questa lama!".　　　　　96

Allor lo presi per la cuticagna
e dissi: "El converrà che tu ti nomi,
o che capel qui sù non ti rimagna".　　　　　99

Ond'elli a me: "Perché tu mi dischiomi,
né ti dirò ch'io sia, né mosterrolti
se mille fiate in sul capo mi tomi".　　　　　102

Io avea già i capelli in mano avvolti,
e tratti glien'avea più d'una ciocca,
latrando lui con li occhi in giù raccolti,　　　　　105

quando un altro gridò: "Che hai tu, Bocca?
non ti basta sonar con le mascelle,
se tu non latri? qual diavol ti tocca?".　　　　　108

"Omai", diss'io, "non vo' che più favelle,
malvagio traditor; ch'a la tua onta
io porterò di te vere novelle".　　　　　111

"Va via", rispuose, "e ciò che tu vuoi conta;
ma non tacer, se tu di qua entro eschi,
di quel ch'ebbe or così la lingua pronta.　　　　　114

El piange qui l'argento de' Franceschi:
"Io vidi", potrai dir, "quel da Duera
là dove i peccatori stanno freschi".　　　　　117

Se fossi domandato "Altri chi v'era?",
tu hai dallato quel di Beccheria
di cui segò Fiorenza la gorgiera.　　　　　120

Gianni de' Soldanier credo che sia
più là con Ganellone e Tebaldello,
ch'aprì Faenza quando si dormia".

IL CONTE UGOLINO E L'ARCIVESCOVO RUGGIERI

Noi eravam partiti già da ello,
ch'io vidi due ghiacciati in una buca,
sì che l'un capo a l'altro era cappello;

e come 'l pan per fame si manduca,
così 'l sovran li denti a l'altro pose
là 've 'l cervel s'aggiugne con la nuca:

non altrimenti Tidëo si rose
le tempie a Menalippo per disdegno,
che quei faceva il teschio e l'altre cose.

"O tu che mostri per sì bestial segno
odio sovra colui che tu ti mangi,
dimmi 'l perché", diss'io, "per tal convegno,

che se tu a ragion di lui ti piangi,
sappiendo chi voi siete e la sua pecca,
nel mondo suso ancora io te ne cangi,

se quella con ch'io parlo non si secca".

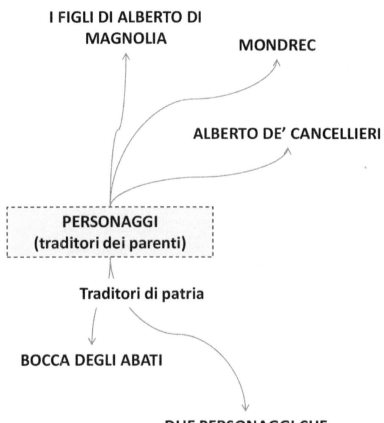

Si presentano attraverso una
scena macabra:
uno mangia nella testa dell'altro

NONO CERCHIO

Il contrappasso dei TRADITORI

IN VITA
Non ebbero sentimenti (cuore freddo) da impedirgli il tradimento

CONTRAPPASSO

ALL'INFERNO

I loro corpi sono immersi nel Cocito e le loro lacrime ghiacciate
(Contrappasso per analogia)

IL TRADIMENTO DI MONTAPERTI

protagonista
BOCCA DEGLI ABATI

ghibellino

SI SCHIERA IN CAMPO CON I GUELFI

MA
Nel momento cruciale della battaglia cambia fronte

Fu sospettato di aver tagliato la mano di Jacopo De'Pazzi per prendere lo stendardo guelfo

NONO CERCHIO

I diversi tipi di TRADITORI

QUATTRO ZONE DISTINTE

ZONA CAINA
Traditori dei parenti (CAINO)

I dannati stanno immersi fino al collo con la testa in giù

ZONA ANTENORA
Traditori della patria

I dannati stanno immersi a metà, con la testa in su

ZONA TOLOMEA
Traditori di amici e ospiti

I dannati hanno gli occhi rivolti all'insù, le loro lagrime gelano e vivono nel silenzio assoluto

ZONA GIUDECCA
Traditori contro i benefattori e contro Dio

I dannati sono completamente immersi nel ghiaccio

SCHEMATICAMENTE

IL TRENTATREESIMO CANTO DELLA DIVINA COMMEDIA

SECONDA E TERZA ZONA DEL IX CERCHIO. IL COCITO E LA TOLOMEA. LA PENA PER I TRADITORI DEGLI OSPITI.

Il peccatore richiamato da Dante, intento ad addentare il cranio di un altro dannato, solleva la testa e si presenta come il CONTE UGOLINO della Gherardesca e il suo compagno è l'ARCIVESCOVO RUGGIERI.

IL CONTE UGOLINO

L'anima inizia subito a parlare, sebbene questo gli provochi tristezza. Egli è stato raggirato dall'Arcivescovo Ruggieri ed è stato condannato a rimanere rinchiuso nella Torre Muda a Pisa insieme ai suoi figli.

Ugolino racconta ai due viaggiatori il sogno premonitore che fece prima della disgrazia: egli aveva Ruggieri nelle vesti di un cacciatore intento a dare la caccia al lupo insieme ad alcune famose famiglie ghibelline. Egli racconta della straziante scena del lupo e dei suoi piccoli ormai stanchi di correre, raggiunti dai cacciatori e azzannati.

Il mattino seguente nella torre Ugolino sentì piangere i figli per la fame e capì che il sogno si stava avverando. Pochi minuti dopo vennero chiuse le porte della torre senza aver più la possibilità di farsi portare del cibo. I figli, per la fame, morirono uno ad uno e Ugolino se li mangiò per disperazione.

INVETTIVA CONTRO PISA

Dante, scosso da quello che ha sentito, si lascia andare ad un'invettiva contro Pisa, patria di Ugolino. Ugolino era sospettato di aver ceduto dei castelli a Firenze e Lucca, ma i figli erano innocenti e nessuno li avrebbe dovuti condannare così crudelmente.

I VIVI: FRATE ALBERIGO E BRANCA DORIA

Un dannato chiede aiuto a Dante per togliere il ghiaccio dal suo volto. Si presenta come frate Alberigo. Dante rimane stupito perché è convinto che lui sia ancora vivo. L'uomo spiega che, quando si pecca, l'anima si stacca immediatamente dal corpo, che continua a vivere sulla terra governato da un demone. È questo il suo caso e quello di Branca Doria. Dante si rifiuta allora di aiutare il dannato come egli aveva richiesto e inizia un'invettiva contro i Genovesi, uomini pieni di vizi.

CANTO TRENTATREESIMO
INIZIA IL RACCONTO DEL CONTE UGOLINO

La bocca sollevò dal fiero pasto
quel peccator, forbendola a' capelli
del capo ch'elli avea di retro guasto.   3

Poi cominciò: "Tu vuo' ch'io rinovelli
disperato dolor che 'l cor mi preme
già pur pensando, pria ch'io ne favelli.   6

Ma se le mie parole esser dien seme
che frutti infamia al traditor ch'i' rodo,
parlare e lagrimar vedrai insieme.   9

Io non so chi tu se' né per che modo
venuto se' qua giù; ma fiorentino
mi sembri veramente quand'io t'odo.   12

Tu dei saper ch'i' fui conte Ugolino,
e questi è l'arcivescovo Ruggieri:
or ti dirò perché i son tal vicino.   15

Che per l'effetto de' suo' mai pensieri,
fidandomi di lui, io fossi preso
e poscia morto, dir non è mestieri;   18

però quel che non puoi avere inteso,
cioè come la morte mia fu cruda,
udirai, e saprai s'e' m' ha offeso.   21

Breve pertugio dentro da la Muda,
la qual per me ha 'l titol de la fame,
e che conviene ancor ch'altrui si chiuda,   24

m'avea mostrato per lo suo forame
più lune già, quand'io feci 'l mal sonno
che del futuro mi squarciò 'l velame.   27

Questi pareva a me maestro e donno,
cacciando il lupo e ' lupicini al monte

per che i Pisan veder Lucca non ponno. 30

Con cagne magre, studïose e conte
Gualandi con Sismondi e con Lanfranchi
s'avea messi dinanzi da la fronte. 33

In picciol corso mi parieno stanchi
lo padre e ' figli, e con l'agute scane
mi parea lor veder fender li fianchi. 36

Quando fui desto innanzi la dimane,
pianger senti' fra 'l sonno i miei figliuoli
ch'eran con meco, e dimandar del pane. 39

Ben se' crudel, se tu già non ti duoli
pensando ciò che 'l mio cor s'annunziava;
e se non piangi, di che pianger suoli? 42

Già eran desti, e l'ora s'appressava
che 'l cibo ne solëa essere addotto,
e per suo sogno ciascun dubitava; 45

e io senti' chiavar l'uscio di sotto
a l'orribile torre; ond'io guardai
nel viso a' mie' figliuoi sanza far motto. 48

Io non piangëa, sì dentro impetrai:
piangevan elli; e Anselmuccio mio
disse: "Tu guardi sì, padre! che hai?". 51

Perciò non lagrimai né rispuos'io
tutto quel giorno né la notte appresso,
infin che l'altro sol nel mondo uscìo. 54

Come un poco di raggio si fu messo
nel doloroso carcere, e io scorsi
per quattro visi il mio aspetto stesso, 57

ambo le man per lo dolor mi morsi;
ed ei, pensando ch'io 'l fessi per voglia

di manicar, di sùbito levorsi 60

e disser: "Padre, assai ci fia men doglia
se tu mangi di noi: tu ne vestisti
queste misere carni, e tu le spoglia". 63

Queta' mi allor per non farli più tristi;
lo dì e l'altro stemmo tutti muti;
ahi dura terra, perché non t'apristi? 66

Poscia che fummo al quarto dì venuti,
Gaddo mi si gittò disteso a' piedi,
dicendo: "Padre mio, ché non m'aiuti?". 69

Quivi morì; e come tu mi vedi,
vid'io cascar li tre ad uno ad uno
tra 'l quinto dì e 'l sesto; ond'io mi diedi, 72

già cieco, a brancolar sovra ciascuno,
e due dì li chiamai, poi che fur morti.
Poscia, più che 'l dolor, poté 'l digiuno". 75

Quand'ebbe detto ciò, con li occhi torti
riprese 'l teschio misero co' denti,
che furo a l'osso, come d'un can, forti. 78

INVETTIVA CONTRO PISA

Ahi Pisa, vituperio de le genti
del bel paese là dove 'l sì suona,
poi che i vicini a te punir son lenti, 81

muovasi la Capraia e la Gorgona,
e faccian siepe ad Arno in su la foce,
sì ch'elli annieghi in te ogne persona! 84

Che se 'l conte Ugolino aveva voce
d'aver tradita te de le castella,
non dovei tu i figliuoi porre a tal croce. 87

Innocenti facea l'età novella,
novella Tebe, Uguiccione e 'l Brigata

e li altri due che 'l canto suso appella. 90

NELLA ZONA TOLOMEA (TRADITORI DEGLI OSPITI)

Noi passammo oltre, là 've la gelata
ruvidamente un'altra gente fascia,
non volta in giù, ma tutta riversata. 93

Lo pianto stesso lì pianger non lascia,
e 'l duol che truova in su li occhi rintoppo,
si volge in entro a far crescer l'ambascia; 96

ché le lagrime prime fanno groppo,
e sì come visiere di cristallo,
rïempion sotto 'l ciglio tutto il coppo. 99

E avvegna che, sì come d'un callo,
per la freddura ciascun sentimento
cessato avesse del mio viso stallo, 102

già mi parea sentire alquanto vento;
per ch'io: "Maestro mio, questo chi move?
non è qua giù ogne vapore spento?". 105

Ond'elli a me: "Avaccio sarai dove
di ciò ti farà l'occhio la risposta,
veggendo la cagion che 'l fiato piove". 108

E un de' tristi de la fredda crosta
gridò a noi: "O anime crudeli
tanto che data v'è l'ultima posta, 111

levatemi dal viso i duri veli,
sì ch'ïo sfoghi 'l duol che 'l cor m'impregna,
un poco, pria che 'l pianto si raggeli". 114

Per ch'io a lui: "Se vuo' ch'i' ti sovvegna,
dimmi chi se', e s'io non ti disbrigo,
al fondo de la ghiaccia ir mi convegna". 117

FRATE ALBERIGO

Rispuose adunque: "I' son frate Alberigo;
i' son quel da le frutta del mal orto,
che qui riprendo dattero per figo". 120

"Oh", diss'io lui, "or se' tu ancor morto?".
Ed elli a me: "Come 'l mio corpo stea
nel mondo sù, nulla scïenza porto. 123

Cotal vantaggio ha questa Tolomea,
che spesse volte l'anima ci cade
innanzi ch'Atropòs mossa le dea. 126

E perché tu più volontier mi rade
le 'nvetrïate lagrime dal volto,
sappie che, tosto che l'anima trade 129

come fec'ïo, il corpo suo l'è tolto
da un demonio, che poscia il governa
mentre che 'l tempo suo tutto sia vòlto. 132

Ella ruina in sì fatta cisterna;
e forse pare ancor lo corpo suso
de l'ombra che di qua dietro mi verna. 135

Tu 'l dei saper, se tu vien pur mo giuso:
elli è ser Branca Doria, e son più anni
poscia passati ch'el fu sì racchiuso". 138

"Io credo", diss'io lui, "che tu m'inganni;
ché Branca Doria non morì unquanche,
e mangia e bee e dorme e veste panni". 141

"Nel fosso sù", diss'el, "de' Malebranche,
là dove bolle la tenace pece,
non era ancora giunto Michel Zanche, 144

che questi lasciò il diavolo in sua vece
nel corpo suo, ed un suo prossimano
che 'l tradimento insieme con lui fece. 147

Ma distendi oggimai in qua la mano;
aprimi li occhi". E io non gliel'apersi;
e cortesia fu lui esser villano. 150

Ahi Genovesi, uomini diversi
d'ogne costume e pien d'ogne magagna,
perché non siete voi del mondo spersi? 153

Ché col peggiore spirto di Romagna
trovai di voi un tal, che per sua opra
in anima in Cocito già si bagna, 156

e in corpo par vivo ancor di sopra.

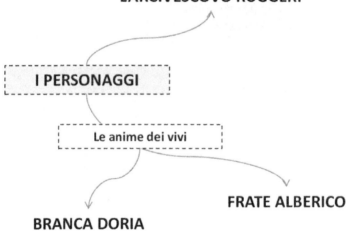

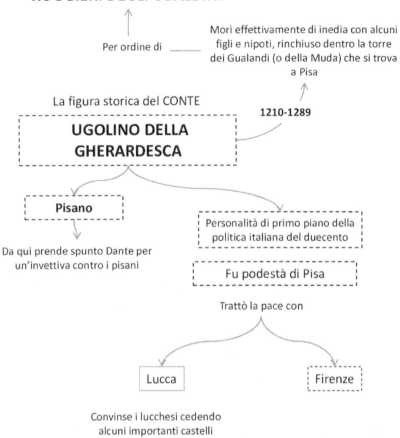

Nel XXXIII CANTO Dante pronuncia due invettive

INVETTIVA CONTRO PISA

Ahi Pisa, vituperio de le genti del bel paese là dove 'l sì suona,

In relazione al Conte Ugolino

INVETTIVA CONTRO I GENOVESI

Ahimè, Genovesi, uomini alieni da ogni buona usanza e pieni di ogni vizio, perché non siete dispersi nel mondo?

Nel finale del canto

In relazione all'incontro con Frate Alberico

Può un'anima arrivare all'Inferno prima che la persona sia morta in terra?

PER DANTE SI

Nell'incontro con
**FRATE ALBERIGO
BRANCA DORIA**

Al tempo del viaggio sono ancora vivi

Frate Alberigo muore nel 1309

Branca muore nel 1325

«Nel fosso sù», diss'el, «de' Malebranche,
là dove bolle la tenace pece,
non era ancor giunto Michel Zanche,

che questi lasciò il diavolo in sua vece
nel corpo suo, ed un suo prossimano
che 'l tradimento insieme con lui fece.

SCHEMATICAMENTE

IL TRENTAQUATTRESIMO CANTO DELLA DIVINA COMMEDIA

QUARTA E ULTIMA ZONA DEL COCITO, LA GIUDECCA. LE PENE DEI TRADITORI DEI BENEFATTORI.

Virgilio avvisa Dante che sono vicini a LUCIFERO e proseguendo entrano nella Giudecca, nella quale vengono puniti i traditori dei benefattori. I dannati si trovano imprigionati nel ghiaccio e tutti appaiono in posizioni diverse.

LUCIFERO

Dante si rivolge al lettore spiegando che non esistono parole adeguate per descrivere la sensazione che ha provato guardando LUCIFERO, in bilico tra la vita e la morte.

L'imperatore infernale esce dal ghiaccio dalla cintola in su, ma nonostante ciò appare ancora più grande di un gigante. Dante lo descrive con tre volti in una sola testa, quello centrale rossa, uno giallastra e una scura. Sotto i tre volti fuoriescono due enormi ali che quando vengono sbattute provocano i venti gelidi che congelano il Cocito.

I PIÙ GRANDI TRADITORI DELLA STORIA

LUCIFERO riduce in pezzi con le sue bocche tre peccatori, provocando loro una grande sofferenza. Virgilio spiega che sono Giuda Iscariota, Bruto e Cassio, i tre più grandi traditori della storia.

L'USCITA DALL'INFERNO

I due viaggiatori hanno ormai visto l'Inferno e si preparano a risalire per una via ripida e faticosa. Dante non si spiega come mai sia già mattina se poco prima era buio e Virgilio spiega che si trovano nell'emisfero australe dopo aver attraversato i meandri della terra. La caduta di Lucifero provocò una voragine tale che dall'altra parte spuntò il purgatorio, nel quale si accingono ad arrivare. Si sente già il rumore del ruscello e finalmente i due viaggiatori si mettono in cammino, allontanandosi dalla voragine infernale. I versi finali sono tra i più noti della letteratura italiana, "E di lì uscimmo per rivedere le stelle".

CANTO TRENTAQUATTRESIMO
NELLA ZONA GIUDECCA (TRADITORI DEI BENEFATTORI)

"Vexilla regis prodeunt inferni[1]
verso di noi; però dinanzi mira",
disse 'l maestro mio, "se tu 'l discerni".   3

Come quando una grossa nebbia spira,
o quando l'emisperio nostro annotta,
par di lungi un molin che 'l vento gira,   6

veder mi parve un tal dificio allotta;
poi per lo vento mi ristrinsi retro
al duca mio, ché non lì era altra grotta.   9

Già era, e con paura il metto in metro,
là dove l'ombre tutte eran coperte,
e trasparien come festuca in vetro.   12

Altre sono a giacere; altre stanno erte,
quella col capo e quella con le piante;
altra, com'arco, il volto a' piè rinverte.   15

Quando noi fummo fatti tanto avante,
ch'al mio maestro piacque di mostrarmi
la creatura ch'ebbe il bel sembiante,   18

d'innanzi mi si tolse e fé restarmi,
"Ecco Dite", dicendo, "ed ecco il loco
ove convien che di fortezza t'armi".   21

LUCIFERO

Com'io divenni allor gelato e fioco,
nol dimandar, lettor, ch'i' non lo scrivo,
però ch'ogne parlar sarebbe poco.   24

Io non mori' e non rimasi vivo;
pensa oggimai per te, s' hai fior d'ingegno,
qual io divenni, d'uno e d'altro privo.   27

---

1 *Si avvicinano i vessilli del re dell'Inferno*

Lo 'mperador del doloroso regno
da mezzo 'l petto uscia fuor de la ghiaccia;
e più con un gigante io mi convegno,   30

che i giganti non fan con le sue braccia:
vedi oggimai quant'esser dee quel tutto
ch'a così fatta parte si confaccia.   33

S'el fu sì bel com'elli è ora brutto,
e contra 'l suo fattore alzò le ciglia,
ben dee da lui procedere ogne lutto.   36

Oh quanto parve a me gran maraviglia
quand'io vidi tre facce a la sua testa!
L'una dinanzi, e quella era vermiglia;   39

l'altr'eran due, che s'aggiugnieno a questa
sovresso 'l mezzo di ciascuna spalla,
e sé giugnieno al loco de la cresta: 42

e la destra parea tra bianca e gialla;
la sinistra a vedere era tal, quali
vegnon di là onde 'l Nilo s'avvalla.   45

Sotto ciascuna uscivan due grand'ali,
quanto si convenia a tanto uccello:
vele di mar non vid'io mai cotali.   48

Non avean penne, ma di vispistrello
era lor modo; e quelle svolazzava,
sì che tre venti si movean da ello: 51

quindi Cocito tutto s'aggelava.
Con sei occhi piangëa, e per tre menti
gocciava 'l pianto e sanguinosa bava.   54
GIUDA BRUTO CASSIO

Da ogne bocca dirompea co' denti
un peccatore, a guisa di maciulla,
sì che tre ne facea così dolenti.   57

A quel dinanzi il mordere era nulla
verso 'l graffiar, che talvolta la schiena
rimanea de la pelle tutta brulla. 60

"Quell'anima là sù c' ha maggior pena",
disse 'l maestro, "è Giuda Scarïotto,
che 'l capo ha dentro e fuor le gambe mena. 63

De li altri due c' hanno il capo di sotto,
quel che pende dal nero ceffo è Bruto:
vedi come si storce, e non fa motto!; 66

e l'altro è Cassio, che par sì membruto.
Ma la notte risurge, e oramai
è da partir, ché tutto avem veduto". 69

DANTE E VIRGILIO ESCONO DALL'INFERNO

Com'a lui piacque, il collo li avvinghiai;
ed el prese di tempo e loco poste,
e quando l'ali fuoro aperte assai, 72

appigliò sé a le vellute coste;
di vello in vello giù discese poscia
tra 'l folto pelo e le gelate croste. 75

Quando noi fummo là dove la coscia
si volge, a punto in sul grosso de l'anche,
lo duca, con fatica e con angoscia, 78

volse la testa ov'elli avea le zanche,
e aggrappossi al pel com'om che sale,
sì che 'n inferno i' credea tornar anche. 81

"Attienti ben, ché per cotali scale",
disse 'l maestro, ansando com'uom lasso,
"conviensi dipartir da tanto male". 84

Poi uscì fuor per lo fóro d'un sasso
e puose me in su l'orlo a sedere;
appresso porse a me l'accorto passo. 87

Io levai li occhi e credetti vedere
Lucifero com'io l'avea lasciato,
e vidili le gambe in sù tenere; 90

e s'io divenni allora travagliato,
la gente grossa il pensi, che non vede
qual è quel punto ch'io avea passato. 93

"Lèvati sù", disse 'l maestro, "in piede:
la via è lunga e 'l cammino è malvagio,
e già il sole a mezza terza riede". 96

Non era camminata di palagio
là 'v'eravam, ma natural burella
ch'avea mal suolo e di lume disagio. 99

"Prima ch'io de l'abisso mi divella,
maestro mio", diss'io quando fui dritto,
"a trarmi d'erro un poco mi favella: 102

ov'è la ghiaccia? e questi com'è fitto
sì sottosopra? e come, in sì poc'ora,
da sera a mane ha fatto il sol tragitto?". 105

Ed elli a me: "Tu imagini ancora
d'esser di là dal centro, ov'io mi presi
al pel del vermo reo che 'l mondo fóra. 108

Di là fosti cotanto quant'io scesi;
quand'io mi volsi, tu passasti 'l punto
al qual si traggon d'ogne parte i pesi. 111

E se' or sotto l'emisperio giunto
ch'è contraposto a quel che la gran secca
coverchia, e sotto 'l cui colmo consunto 114

fu l'uom che nacque e visse sanza pecca;
tu haï i piedi in su picciola spera
che l'altra faccia fa de la Giudecca. 117

Qui è da man, quando di là è sera;
e questi, che ne fé scala col pelo,
fitto è ancora sì come prim'era. 120

Da questa parte cadde giù dal cielo;
e la terra, che pria di qua si sporse,
per paura di lui fé del mar velo, 123

e venne a l'emisperio nostro; e forse
per fuggir lui lasciò qui loco vòto
quella ch'appar di qua, e sù ricorse". 126

Luogo è là giù da Belzebù remoto
tanto quanto la tomba si distende,
che non per vista, ma per suono è noto 129

d'un ruscelletto che quivi discende
per la buca d'un sasso, ch'elli ha roso,
col corso ch'elli avvolge, e poco pende. 132

Lo duca e io per quel cammino ascoso
intrammo a ritornar nel chiaro mondo;
e sanza cura aver d'alcun riposo, 135

salimmo sù, el primo e io secondo,
tanto ch'i' vidi de le cose belle
che porta 'l ciel, per un pertugio tondo. 138

E quindi uscimmo a riveder le stelle.

IL FINALE DELL'INFERNO

È il trentaquattresimo canto

(Purgatorio e Paradiso ne hanno 33, Nell'Inferno è compreso il canto iniziale quindi 33+1)

SI SVOLGE NELLA QUARTA ZONA DEL COCITO
GIUDECCA

Vi si trovano
I TRADITORI DEI BENEFATTORI

Chi fu il più grande benefattore?
DIO

Quindi
Il più grande traditore fu
LUCIFERO

*«Quell'anima là sù c'ha maggior pena»,
disse 'l maestro, «è Giuda Scariotto,
che 'l capo ha dentro e fuor le gambe mena*

GIUDA

Il traditore di Gesù che soffre la pena più grande

I GRANDI TRADITORI

I traditori di Cesare

I traditori di Cesare

BRUTO

*De li altri due c'hanno il capo di sotto,
quel che pende dal nero ceffo è Bruto:
vedi come si storce, e non fa motto!;*

CASSIO

*e l'altro è Cassio che par sì membruto.
Ma la notte risurge, e oramai
è da partir, ché tutto avem veduto».*

I LUOGHI

Come si è creato l'Inferno?

L'inferno è generato dalla caduta di Lucifero dal cielo

Entrando nella terra, nell'emisfero opposto si è creata una montagna che è

La montagna del
PURGATORIO

*Da questa parte cadde giù dal cielo;
e la terra, che pria di qua si sporse,
per paura di lui fé del mar velo,*

*e venne a l'emisperio nostro; e forse
per fuggir lui lasciò qui loco vòto
quella ch'appar di qua, e sù ricorse».*

I LUOGHI

Come si è creato l'Inferno?

L'inferno è generato dalla caduta di Lucifero dal cielo

Entrando nella terra, nell'emisfero opposto si è creata una montagna che è

La montagna del PURGATORIO

*Da questa parte cadde giù dal cielo;
e la terra, che pria di qua si sporse,
per paura di lui fé del mar velo,*

*e venne a l'emisperio nostro; e forse
per fuggir lui lasciò qui loco vòto
quella ch'appar di qua, e sù ricorse».*

I LUOGHI

Come fanno Dante e Virgilio ad uscire dall'Inferno?

Grazie ad una lunga cavità vicina al corpo di Lucifero

Percorrendola i due poeti escono nell'emisfero opposto passando per il centro della terra. Spiega infatti Virgilio

Ed elli a me: «Tu imagini ancora
d'esser di là dal centro, ov'io mi presi
al pel del vermo reo che 'l mondo fóra.

Di là fosti cotanto quant'io scesi;
quand'io mi volsi, tu passasti 'l punto
al qual si traggon d'ogne parte i pesi.

E se' or sotto l'emisperio giunto
ch'è contraposto a quel che la gran secca
coverchia, e sotto 'l cui colmo consunto (....)

LA CHIUSURA CON LA PAROLA "STELLE"

Si ripete in tutte e tre le Cantiche

Ultimo verso dell'**Inferno**
E quindi uscimmo a riveder le stelle.

Ultimo verso del **Purgatorio**
puro e disposto a salire alle stelle.

Ultimo verso del **Paradiso**
l'amor che move il sole e l'altre stelle.

Cara lettrice, caro lettore,

siamo arrivati insieme alla fine dell'Inferno di Dante. Spero davvero che le schede e le mappe proposte siano state utili il tuo giudizio è la cosa più preziosa. Per questo ti invitiamo a darci il tuo feedback. Hai suggerimenti per migliorarlo o hai notato refusi?

Per contatti, consigli e altri testi:

mail libriliberati2@gmail.com
sito web www.lemappedipierre.wordpress.com

Pagina autore
https://www.amazon.it/s?i=stripbooks&rh=p_27%3APierre+2020&ref=dp_byline_sr_book_2

Qui potrai trovare altri classici accompagnati da schede e riassunti. Prossimamente verranno inseriti anche i libri sul Purgatorio e sul Paradiso

Grazie!

Printed by Amazon Italia Logistica S.r.l.
Torrazza Piemonte (TO), Italy